ABRINDO A CAIXA PRETA

Por que a Justiça não funciona no Brasil?

Nagibe de Melo Jorge Neto

ABRINDO A CAIXA PRETA

Por que a Justiça não funciona no Brasil?

Uma breve e incomum introdução aos problemas do sistema brasileiro de Justiça

3ª edição
Revista e atualizada

2019

EDITORA JusPODIVM
www.editorajuspodivm.com.br

EDITORA *Jus*PODIVM
www.editorajuspodivm.com.br

Rua Território Rio Branco, 87 – Pituba – CEP: 41830-530 – Salvador – Bahia
Tel: (71) 3045.9051
• Contato: https://www.editorajuspodivm.com.br/sac

Capa: Marcelo S. Brandão *(santibrando@gmail.com)*

• O conteúdo e as opiniões aqui expressas são de inteira responsabilidade de seus autores. As opiniões emitidas não exprimem, necessariamente, o ponto de vista da Editora Juspodivm.

J82a Jorge Neto, Nagibe de Melo.
Abrindo a Caixa Preta: por que a Justiça não funciona no Brasil? / Nagibe de Melo Jorge Neto. – 3 ed. rev., atual. e ampl. – Salvador: JusPODIVM, 2019.
304 p.

ISBN 978-85-442-2978-1.

1. Direito constitucional. I. Jorge Neto, Nagibe de Melo. II. Título.

CDD 341.2

Para meu pai, A. G. Melo,
e para todos que, como ele,
combatem do lado da Justiça.

Agradecimentos

> Aleluia!
>
> Deem graças ao Senhor porque ele é bom;
>
> o seu amor dura para sempre.
>
> *Sl. 106*

Muitas pessoas me ajudaram, às vezes sem saber, a persistir durante tantos anos na ideia de escrever um livro que pudesse lançar luzes sobre o problema da Justiça no Brasil, um livro não acadêmico, capaz de atingir o maior número de pessoas. Sou especialmente grato por isso aos meus alunos, amigos e colegas juízes e servidores do Judiciário, promotores, defensores, procuradores, advogados e professores com quem divido diuturnamente a indignação pelo mau funcionamento da Justiça. Mas não só isso, divido com eles também a vontade sincera e o trabalho árduo para aperfeiçoarmos o sistema.

Márlon Reis teve papel fundamental ao incentivar, apoiar e me orientar pelos caminhos da publicação. Ricardo Didier, como sempre, foi ousado e pronto para aceitar o desafio de um projeto incomum. Sou grato ao professor Hugo Machado Segundo, pela leitura atenta, crítica generosa e pelo incentivo. Ítalo Moreira não sabe, mas me ajudou muito com os dados sobre as prisões. Trycia Carneiro, Alcides Janja, Jânio Vidal, Marden Lopes, Gilvan Melo e, muito especialmente, Rodolfo Torres leram com interesse os originais e contribuíram com críticas e sugestões pertinentes. Nem sempre acredito nas críticas positivas de Fábia Janja, mas o que ela diz me enche de confiança. Agradeço a Trycia, Bianca e Bernardo. Sei que é difícil entender o que um pai pode fazer de tão absorvente para além do expediente.

Muito obrigado a todos!

Sumário

PARTE V – O Judiciário no Cadafalso

Uma breve introdução: o que eu quero dizer quando digo que a Justiça não funciona no Brasil

Este é um livro sobre a Justiça. Ou, melhor, é sobre o (mau) funcionamento e os problemas do sistema brasileiro de Justiça. Não é um livro acadêmico, nem um livro para especialistas. É um livro para todas as pessoas interessadas em saber o que é a Justiça, para que serve, como deveria funcionar e porque não funciona tão bem no Brasil. É um livro para todas as pessoas que reivindicam e lutam por um país melhor e mais justo.

Geralmente a Justiça e o Direito passam desapercebidos para a maioria das pessoas que não trabalha direta ou indiretamente no sistema de Justiça. Dificilmente notamos, mas todas as nossas atividades cotidianas dependem, para darem certo, do Direito e da Justiça. É preciso que as leis sejam observadas para que nós tenhamos segurança para dirigir, pegar ônibus, assinar contratos, assistir aulas e trabalhar. Se não respeitássemos as leis de trânsito, por exemplo, seria difícil realizar tarefas simples como sair de casa e chegar ao trabalho ou à faculdade.

Por que a maioria das pessoas para no sinal vermelho e segue os comandos de mão e contramão? O que faz com que a maioria das pessoas pague suas contas em dia e respeite os contratos firmados implícita ou explicitamente? O Direito e a Justiça estão por trás dessas respostas.

Sem o conjunto de leis que regula a vida em sociedade, que chamamos Direito, nossa própria vida seria algo parecido com um inferno. Seria muito mais difícil comprar e vender qualquer coisa, andar pelas ruas, fazer um trajeto de carro ou de ônibus, ou, até mesmo, expressar opiniões. Desde que eu mesmo não ofenda ninguém, ninguém pode me prejudicar ou recriminar pelo que eu digo ou penso. Sem essa garantia legal, por exemplo, como você poderia se manifestar livremente nas redes sociais?

Em quase tudo que fazemos em interação com outras pessoas, estamos protegidos por leis que permitem, proíbem ou obrigam que alguém faça alguma coisa. Quando compramos um computador, confiamos que o vendedor nos entregará um produto em perfeito funcionamento, de acordo com as especificações anunciadas. O vendedor, por sua vez, acredita que pagaremos o preço combinado, no tempo combinado. Confiamos nessas coisas porque há leis que obrigam o vendedor a entregar o computador tal como acertado, assim como há leis que obrigam o comprador a pagar o valor acertado.

No trânsito, passamos com velocidade pelo sinal verde porque acreditamos que os motoristas que trafegam na via perpendicular irão respeitar o sinal vermelho e permanecerão parados enquanto o sinal estiver verde para nós e vermelho para eles. Sem uma mínima confiança no cumprimento das leis, hesitaríamos em atravessar o sinal verde e seríamos estimulados a avançar o sinal vermelho. Por que respeitá-lo quando ninguém o respeita?

Quando as leis são descumpridas, a Justiça entra em ação para restaurar a confiança. Então, por diversos mecanismos, inclusive pelo uso da força bruta, a Justiça obriga aqueles que as descumpriram a fazerem o que estavam obrigados a fazer ou a não fazerem o que estavam proibidos de fazer. Além de obrigar o cumprimento das leis, a Justiça pune aqueles que as descumpriram. A punição serve como aviso e como ameaça para que as pessoas, no futuro, não voltem a descumpri-las.

Direito e Justiça são duas faces da mesma moeda. O primeiro é o conjunto das leis que asseguram que nossa vida possa ser harmoniosa, proveitosa e feliz. A segunda é a garantia de que as leis serão respeitadas. É claro que, em sociedades saudáveis, as leis são cumpridas não apenas porque as pessoas têm medo de serem punidas. Como há elevado grau de confiança de que as leis serão cumpridas, as pessoas não precisam ser, a todo momento, ameaçadas de punição. O cumprimento das leis é natural e espontâneo porque cada um acredita que a maioria dos demais cumprirá as leis e que o seu cumprimento resulta em benefícios para todos.

Quando a Justiça não funciona como deveria, esse nível de confiança diminui. Mais pessoas passam a desconfiar que as demais cumprirão as leis ou que serão forçadas a cumpri-las. Essa desconfiança estimula o descumprimento, enfraquece a lei e piora a qualidade de vida de todos. As pessoas procuram maneiras de escapar dos comandos legais, fraudam, enganam, sonegam; primeiro às escondidas, em situações isoladas e de pouca gravidade, depois de modo explícito, em situações de muito maior gravidade.

Em 2014, o Ministério Público deflagrou uma operação em oito municípios do Rio Grande do Sul, que ficou conhecida como operação *Leite Compensado*, contra empresas de laticínios acusadas de misturar ao leite soda cáustica, formol e água oxigenada. Um dos principais investigados nesse caso, acusado de armazenar, receber e distribuir leite adulterado, já havia sido condenado em 2007.

Esse caso ilustra muito bem os prejuízos que podem ocorrer quando o sistema de Justiça funciona mal. O leite é dos alimentos mais consumidos pelo brasileiro, produto de primeira necessidade. Ficamos assustados ao imaginar que algumas pessoas possam fraudar um alimento tão popular, pondo em risco a vida de milhares de outras. Assusta também saber que o acusado pela fraude já havia sido condenado sete anos antes e que a punição não foi suficiente para dissuadi-lo a cometer novos crimes. O sistema de Justiça falhou em prever a conduta criminosa e falhou também em reprimi-la.

A Fundação Getúlio Vargas – FGV publica semestralmente, desde 2009, o Índice de Confiança no Poder Judiciário – ICJBrasil. Referido índice mede a confiança e a percepção geral dos brasileiros em relação ao Poder Judiciário. No primeiro semestre de 2017, apenas 24% dos entrevistados afirmaram que confiam ou confiam muito na Justiça. Cerca de 81% disseram que o Judiciário resolve as causas lenta ou muito, muito, lentamente, 78% consideraram que o Judiciário é pouco ou nada honesto e 73% afirmaram que o Judiciário é pouco ou nada competente para solucionar os casos. Há uma forte opinião disseminada na sociedade brasileira de que a Justiça não funciona. As pessoas de modo geral reclamam que a Justiça é lenta, juízes ganham muito e trabalham pouco. Dizem também que o Brasil é o país da impunidade. Ricos e poderosos raramente vão presos. Os índices de violência são assustadores. Temos uma das maiores taxas de homicídio do mundo. É difícil cobrar e receber dívidas. As leis frequentemente são descumpridas. No Brasil, tem lei que pega e lei que não pega.

Tudo isso pode ser facilmente constatado. Não precisamos de uma pesquisa profunda ou de estudos sociológicos. Todos os dias os jornais, a televisão e as redes sociais nos bombardeiam com notícias, opiniões e relatos que confirmam essa ideia geral.

Por outro lado, o Poder Judiciário brasileiro está entre os mais caros do mundo. Em 2015, o Brasil gastou 79,2 bilhões de reais com o seu Poder Judiciário, o que representa cerca de 1,35% do Produto Interno Bruto – PIB. Enquanto isso, a Alemanha gasta 0,32% e os Estados Unidos, 0,14% de seus respectivos PIBs.

No total, mais de 448 mil pessoas trabalham para o Poder Judiciário. Dessas, cerca de 18 mil são juízes. Aqui, estamos considerando só o Poder Judiciário, não contamos promotores, procuradores, defensores públicos e os servidores públicos que trabalham para o Ministério Público e a

Defensoria Pública, também não estamos considerando os advogados, os cartórios e todas as pessoas que têm algum vínculo de emprego com essas atividades. Sem nenhum exagero podemos estimar que cerca de 1 milhão de pessoas trabalha em alguma atividade ligada ao Poder Judiciário.

Ainda assim, a Justiça não tem obtido bons resultados.

Tudo isso pode parecer estranho considerando que os juízes brasileiros estão entre os mais produtivos do mundo e que o volume de decisões proferidas por juízes, desembargadores e ministros dos diversos órgãos do Judiciário é imenso. No ano de 2016, foram proferidas, em média, cerca de 1,6 mil decisões por cada juiz brasileiro. Nessa parte você exclama:

"Sério!? Tá de brincadeira!".

"Não. É sério." Eu respondo.

Os juízes brasileiros estão entre os mais produtivos do mundo. Mas, então, espera! Se os juízes trabalham tanto, como a Justiça não funciona? Essa é a questão que pretendo responder, ou, pelo menos, deixar mais clara ao longo deste livro. Em que sentido é correto dizer que a Justiça não funciona? Já pudemos ver que, em muitos sentidos, isso é absolutamente correto. Mas para entendermos corretamente a questão, precisamos saber o que é a Justiça e como ela deveria funcionar.

"Bom, mas o que eu tenho com isso?" Você pergunta.

O não funcionamento da Justiça é uma das piores desgraças que pode acontecer a um povo e a um país. Quando a Justiça não funciona adequadamente, basicamente as pessoas deixam de acreditar que as leis serão cumpridas. Há uma desconfiança generalizada. Essa desconfiança gera mais desconfiança. Aos poucos, as pessoas vão se sentido à vontade para descumprir a Lei, seja cometendo crimes, seja deixando de pagar dívidas, seja deixando de cumprir obrigações outras como usar cinto de segurança, usar capacete, não dirigir embriagado e respeitar os limites de velocidade.

A desconfiança na Justiça e, portanto, a sensação de que as leis não são nem serão cumpridas afeta a todos. Piora terrivelmente nossa qualidade de vida. E, acredite, afeta a você também. Esse é o primeiro lado da moeda. O outro é que o funcionamento da Justiça só vai melhorar um dia se as pessoas souberem por que ela não funciona, como ela deveria funcionar e o que pode ser feito para melhorar. Como todo serviço público, a Justiça precisa da constante fiscalização e cobrança do povo. Sem isso, nada.

O que você vai encontrar neste livro

O livro está dividido em quatro partes. Na primeira parte, vamos entender o que é a Justiça e o que é o sistema de Justiça. Pretendo mostrar que, quando falamos dos problemas da Justiça, não podemos mirar apenas no Poder Judiciário. O foco precisa ser ampliado porque os problemas têm raízes e ramificações por todo o sistema de Justiça. Às vezes eles começam no Poder Judiciário, mas só podem ser resolvidos com a aprovação de leis melhores pelos deputados e senadores. Outras vezes eles começam com leis ruins, mas podem ser atenuados por uma atuação melhor dos juízes. Na maioria das vezes, eles envolvem muitos atores além dos juízes: advogados, promotores, policiais, defensores públicos, auditores fiscais. A primeira parte vai apresentar, portanto, uma visão panorâmica do sistema de Justiça e da ideia de Justiça que compartilhamos neste início do século XXI.

A segunda parte mira o Poder Judiciário. Nosso objetivo é explicar, de modo simples, o que os juízes fazem, como eles são selecionados, qual a relação entre os juízes e os políticos, o que se pode esperar dos juízes, o que eles podem fazer para melhorar o funcionamento da Justiça e o que eles não podem fazer. Aqui, abordaremos os problemas do sistema de

Justiça que se originam e poderiam, em grande medida, ser solucionados dentro do próprio Poder Judiciário, como juízes corruptos e preguiçosos e todos os problemas relacionados à má gestão dos tribunais.

Na terceira parte nossa atenção estará voltada para as ferramentas que juízes, advogados, promotores usam para fazer Justiça, isto é, para assegurar que as leis desrespeitadas sejam cumpridas. Veremos que, se essas ferramentas fossem facas, elas estariam cegas. Quem faz essas ferramentas muitas vezes não percebe que elas deveriam servir para cortar. Alguns se preocupam com a beleza, outros com o material utilizado, outros se preocupam com o peso ou com o tamanho da faca, mas tudo que alguém que precisa de uma faca para cortar queijo quer é que a faca corte o queijo. De preferência que não seja muito cara, nem muito pesada, nem muito grande.

Daremos uma atenção especial ao sistema criminal da quarta parte. O crime é, em última análise, o mais grave descumprimento da Lei. Os crimes violentos são mais graves ainda, seguidos pelos crimes do colarinho branco, que não são violentos mas têm um potencial devastador. O Brasil está entre os países mais violentos do mundo e o nosso sistema de Justiça não consegue modificar essa realidade. Por tudo isso, mereceu uma atenção especial o sistema de Justiça quando atua especificamente para combater o crime. Veremos por que se diz que o Brasil é o país da impunidade.

A quinta parte é mais breve. É uma reflexão rápida sobre as consequências de não conhecermos ou de não procurarmos solucionar os problemas do sistema brasileiro de Justiça.

Optamos, ao longo de todo o livro, por não usar notas nem referências bibliográficas a fim de tornar o conteúdo menos formal e possibilitar uma leitura mais fluida. O objetivo desse trabalho é apresentar um panorama geral dos problemas do nosso sistema de Justiça e levantar alguns questionamentos de ordem política e moral. Não há uma preocupação com a exatidão milimétrica dos dados apresentados, mas sim com que eles possam servir de fundamento suficiente para a exposição dos argumentos.

Todos os fatos e dados utilizados são de amplo conhecimento público e podem ser acessados em uma rápida pesquisa no Google ou em outro mecanismo de busca. Boa parte dos números apresentados tem por base relatórios produzidos pelo Conselho Nacional de Justiça – CNJ ou por organismos internacionais, como as Organizações das Nações Unidas – ONU, a Transparência Internacional, o Banco Interamericano de Desenvolvimento – BID e a Organização para a Cooperação e Desenvolvimento Econômico – OCDE, por exemplo. A maioria dos dados e números apresentados é ilustrativa. Por isso, em alguns casos, não estarão atualizados de acordo com os relatórios mais recentes. Isso, contudo, não diminuirá sua força como argumento, eis que a série histórica dos indicadores, nesses casos, não sofreu significativas alterações ao longo do tempo.

Espero que a leitura, além de proveitosa, seja divertida e capaz de animar os leitores a engajarem-se na luta pelo aperfeiçoamento do nosso sistema de Justiça.

PARTE I

Um chamado ao combate: O sistema de Justiça e o que nós temos com isso

Lampião, Lula e a caixa-preta do Poder Judiciário

"Se você conhece o inimigo e conhece a si mesmo, não precisa temer o resultado de cem batalhas. Se você se conhece, mas não conhece o inimigo, para cada vitória ganha sofrerá também uma derrota. Se você não conhece nem o inimigo nem a si mesmo, perderá todas as batalhas..."

Sun Tzu, "A Arte da Guerra".

Poucos meses depois de assumir pela primeira vez a Presidência da República, Luiz Inácio Lula da Silva participou de uma reunião sobre o crime organizado em Vitória (ES), no exato dia do descobrimento do Brasil, dia 22 de abril de 2003. Data auspiciosa. Naquele dia, Lula pronunciou um discurso forte. Defendeu o controle externo para abrir a caixa-preta do Poder Judiciário.

Lula e o seu Ministro da Justiça, Márcio Thomaz Bastos, acabavam de comprar uma das maiores brigas políticas que o Brasil já vira ou, pelo menos, uma das mais barulhentas. Iniciava-se a reforma do Poder Judiciário. Resistências vieram de todos os lados, de juízes, desembargadores, ministros, mas também de professores, advogados e políticos.

O Presidente e seu Ministro defendiam o controle externo do Poder Judiciário. Márcio Thomaz Bastos costumava dizer que *"controle interno (realizado apenas por procuradores e juízes), não é controle, mas consciência"*. Para o governo, o controle externo, que foi afinal instaurado com a Emenda Constitucional 45, teria o condão de resolver muitas das mazelas do Poder Judiciário e permitiria *"saber como funciona a caixa-preta de um Judiciário que muitas vezes se sente intocável"*.

Lula nasceu em Caetés, um pequeno distrito do município de Garanhuns, no Estado de Pernambuco. No mesmo discurso, o Presidente citou outro pernambucano, alguém que sempre foi tido, havido e combatido pelo *establishment* como um fora da lei: Virgulino Ferreira da Silva, o Lampião. Ao tentar explicar como e porque o Poder Judiciário não funciona no Brasil, citou Virgulino: *"como dizia Lampião, em 1927, neste país, quem tiver 30 contos de réis não vai para a cadeia. Ainda em muitos casos prevalece exatamente isso"*.

Lampião não acreditava na Justiça, por isso abraçou o cangaço. Para alguns, foi herói; para outros, justiceiro. Muitos defendem que Lampião não era bandido; o que ele queria, na verdade, era fazer a Justiça que o Estado corrupto e elitista não lhe dava. Em Serra Talhada, sua terra natal, Lampião ainda é uma figura cultuada e admirada. A antiga estação de trem transformou-se no Museu do Cangaço. A paisagem é tórrida, há poucos visitantes e o local passa boa parte do tempo fechado, mas as pessoas da cidade têm orgulho de dizer que aquela é a terra de Lampião. Há poucos anos houve uma parada gay em Serra Talhada, um grupo vestiu-se de Lampião usando tons rosa e foi alvo de protestos: os mais conservadores reclamaram que aquilo ofendia a memória do cangaceiro.

Lampião encarna a revolta social contra as injustiças. Ele lava a alma e, de algum modo, redime todos aqueles que esperam por uma Justiça que não chega e que ele, Lampião, foi buscar com as próprias mãos. Não precisamos do Estado, fazemos nossa própria Justiça, talvez fosse esse o pensamento de Lampião. Um pensamento libertador, ou terrificante.

Contam que Lampião escolheu o caminho do cangaço pela ineficiência do Poder Judiciário. A pendenga começou com o assassinato de seu pai, pelo que ele fez uma queixa na Justiça. Ao que parece, a Justiça deu de ombros, não se envolveu muito com a causa. O juiz teria dito: você precisa de um advogado e 3 testemunhas. Passado algum tempo e decepcionado com aquilo, Lampião entregou-se ao cangaço. Munido de uma espingarda e 300 balas disse: diga para o juiz que agora eu tenho um advogado e 300 testemunhas!

Lula não precisava de advogados nem de testemunhas, não precisava de armas nem de balas. Lula tinha votos, muitos votos, e queria fazer a reforma do Judiciário. No segundo turno de sua primeira eleição presidencial, em 2002, Lula teve 52,8 milhões de votos, tornando-se o Presidente mais votado da história do Brasil e o segundo mais votado do mundo. O primeiro lugar pertence a Ronald Regan nas eleições americanas de 1980.

Amadurecida a questão, depois de muitas idas e vindas, a proposta do Presidente ganhou o apoio da opinião pública. A sociedade brasileira também acreditava que era preciso uma reforma profunda no Poder Judiciário brasileiro. A Emenda Constitucional nº 45 foi promulgada em 30 de dezembro de 2004, apenas vinte meses após o referido discurso. Uma grande reforma, em tempo recorde, se considerarmos os interesses em jogo, os conflitos políticos, as enormes controvérsias envolvidas.

Para dar conta da reforma, o Ministério da Justiça criou uma secretaria especial, a Secretaria de Modernização da Administração da Justiça e baseou-se largamente em estudos realizados pelo Banco Interamericano de Desenvolvimento – BID. O Judiciário cedeu alguns anéis para não perder os dedos. Na verdade, as forças políticas envolvidas chegaram a um acordo tácito e criou-se um órgão de controle composto, em sua maior parte, pelos próprios membros do Poder Judiciário. O Conselho Nacional de Justiça – CNJ, que, sem sombra de dúvida, foi a maior inovação trazida pela reforma, é composto por quinze membros, sendo nove juízes, dois membros do Ministério Público, dois advogados e dois cidadãos indicados um pela Câmara dos Deputados e outro pelo Senado Federal.

Passados mais de 12 anos da reforma, todos podemos perceber que o Conselho Nacional de Justiça não foi capaz de assegurar uma Justiça justa, célere e eficaz. No Brasil, a Justiça tarda. Os poderosos muito raramente são punidos. Sonegar tributos é quase permitido. Negros, pobres e analfabetos são a maioria da população carcerária. Um processo pode demorar anos e anos. É difícil ter os próprios direitos respeitados, mas, com um pouco de astúcia, é fácil escapar aos rigores da Lei. A polícia prende, a justiça solta. Paira a sensação de que a Lei não é igual para todos. Os políticos parecem influenciar a justiça mais do que seria adequado.

Será que foi aberta a caixa-preta do Poder Judiciário? Fico imaginando que espécie de caixa-preta é essa. Nos aviões, a caixa-preta é um aparelho que contém todos os registros dos dados mais importantes da aeronave: altitude, velocidade, pressão, ventos, conversas entre pilotos e copilotos, comandos etc. No Judiciário, até 2005, não havia dados, estatísticas, não havia uma política nacional. Hoje percebemos que a caixa-preta não trazia as respostas para o nosso acidente judiciário. A caixa-preta era uma caixa vazia. Não foi possível encontrar os dados prontos para corrigir os defeitos, dentro da caixa há um emaranhado de fios e não sabemos quais cortar e quais ligar ou religar para que tudo funcione melhor. As causas da nossa injustiça parecem mais complexas que os comandos, indicadores, luzes de alerta, sinais sonoros, alarmes e múltiplos sensores de uma aeronave em pane.

Era necessário produzir dados, tentar unificar as políticas dos diversos Tribunais do país em uma única política nacional do Poder Judiciário. Essa passou a ser a missão número um do Conselho Nacional de Justiça — CNJ. Mas ainda estamos perdidos. Em grande parte porque a sociedade conhece muito pouco o Poder Judiciário. Por mais que se abra, por mais que se escancare. A sociedade não parece muito interessada em saber como os juízes trabalham e por que não conseguem alcançar os resultados esperados. Tudo parece muito complicado, os fios estão muito emaranhados e atribuímos a responsabilidade por nosso acidente judiciário a todos e a ninguém. Reclamamos, mas não conseguimos caminhar com segurança para encontrar soluções. Uma coisa sabemos com certeza: ainda somos um país muito injusto.

Mas o que é injustiça? Em que medida a injustiça se deve ao mau funcionamento do Poder Judiciário? Sun Tzu pode nos ajudar a responder a essas perguntas.

Sun Tzu foi um general e estrategista chinês que viveu durante quarenta e oito anos entre 500 a.C. e 200 a.C. Não se sabe ao certo a data de seu nascimento nem a data de sua morte, não se sabe ao certo sequer se Sun Tzu viveu de verdade ou é uma figura fictícia, uma lenda. Assim como faltam dados sobre o Poder Judiciário, também faltam dados sobre Sun Tzu. O certo é que um livro atribuído a ele, "A Arte da Guerra", é um dos livros de estratégia militar mais lidos no mundo. Mais que estratégia militar, alguns o consideram um livro de Filosofia escrito em linguagem militar. Em um trecho do livro, Sun Tzu diz que é preciso conhecer o inimigo e conhecer a si mesmo para vencer as batalhas.

Transpondo para o nosso acidente judiciário, é preciso conhecer as causas da injustiça e é preciso conhecer melhor o Poder Judiciário para que possamos reformá-lo e cobrar dele uma atuação mais efetiva. É preciso conhecer e combater para alcançar a Justiça.

Não conhecemos o inimigo. Não conhecemos as causas da nossa injustiça, não sabemos por que a reforma do Judiciário não resolveu nada ou melhorou muito pouco. Na verdade, sequer conhecemos bem o Poder Judiciário. Estamos perdendo a batalha. Muitos combatem para que o Judiciário funcione: juízes, desembargadores, ministros, promotores, procuradores, defensores públicos, advogados públicos e privados, e servidores do Judiciário, do Ministério Público e demais órgãos jurídicos. Alguns fazem de conta que combatem, mas uma multidão de gente quer fazer o nosso sistema de Justiça mais justo e mais efetivo. Uma luta inglória, onde nos falta conhecer melhor o Judiciário e falta-nos conhecer melhor o inimigo, as causas do nosso acidente.

Sun Tzu ainda está com a razão.

Accountability

"Não fazemos o que queremos e, no entanto, somos responsáveis pelo que somos: eis a verdade."

Jean Paul-Sartre

Este livro é uma prestação de contas. Um manifesto. Uma acusação. Não uma acusação contra alguém, mas denúncia de um estado de coisas onde pessoas erradas são responsabilizadas pelas coisas erradas, quando poderíamos e deveríamos responsabilizar as pessoas certas pelas coisas certas.

O Brasil flutua em algum lugar entre a 6.ª e a 9.ª economia do mundo, mas ainda é um país profundamente injusto. Em 2016, o Brasil foi considerado o 10º país mais desigual do mundo, segundo o Relatório de Desenvolvimento Humano (RDH), elaborado pelas Nações Unidas. Se considerarmos o PIB per capita, a quantidade de riqueza produzida por habitante, o Brasil cai para a 70ª posição entre as principais 185 economias do mundo. Quando dividimos o bolo, não somos tão ricos assim. Temos feitos inegáveis progressos, mas os avanços são lentos. Não é só a distribuição de riqueza que é injusta no Brasil, absurdamente concentrada. Percebemos a injustiça de modo mais flagrante na economia, mas ela se espraia também pelo sistema de justiça: Poder Judiciário, polícias, Ministério Público, advogados públicos e privados. Os pobres têm acesso muito restrito à Justiça, normalmente pela porta da prisão. Além de cega, no Brasil a Justiça tem braços curtos, pelo menos para alcançar os ricos e poderosos. Desigualdade de acesso, desigualdade de tratamento.

Na maioria das questões que afetam a vida cotidiana das pessoas, o Brasil tem leis avançadas, compatíveis com as de países desenvolvidos, mas desgraçadamente não conseguimos pô-las em prática. A sensação de impunidade campeia, assim como a percepção de que somos um país corrupto. O Brasil ocupa a 79ª posição entre 175 no Índice de Percepção da Corrupção 2016 – IPC, medido pela Transparência Internacional. Em uma escala que vai de 0 (extremamente corrupto) a 100 (extremamente íntegro), nosso país obteve a nota 40. O Brasil ficou atrás de países como Chile, com nota 66; Estônia, com nota 70; Portugal e Polônia, ambos com nota 62; Cabo Verde, com nota 59; Coreia do Sul, com nota 53; Costa Rica, com nota 58 e Malásia, com nota 49.

É preciso definir e atribuir responsabilidades. *Accountability*. É bastante significativo que essa palavra inglesa não tenha tradução para o português. *Accountability* é a prestação de contas de quaisquer autoridades ou agentes públicos para com seus órgãos superiores e para com o seu povo. É um conceito político básico nas sociedades democráticas desenvolvidas, sobretudo nas nações anglo-saxãs, Estados Unidos e Reino Unido à frente.

Quando se trata da coisa pública e dos serviços públicos é preciso definir e atribuir responsabilidades. Fazer o diagnóstico correto das deficiências e saber quem poderia e deveria fazer o que, como e quando. Se em um hospital o atendimento é inadequado, é preciso saber se isso se deve à falta de medicamentos, à ausência de médicos, aos médicos que existem, mas não cumprem o expediente, à falta de leitos ou a qualquer outra causa. Quando sabemos a causa das deficiências, podemos combatê-las com mais propriedade cobrando dos verdadeiros responsáveis as soluções.

No Brasil estamos muito acostumados a apontar as deficiências, mas pouco habituados a cobrar de quem realmente pode resolver os problemas, seja quem for. Apontamos o problema, reclamamos, mas vemos tudo embaçado. Se faltam medicamentos, deve-se cobrar a Secretaria de Saúde do Estado ou do Município, que tem atribuição e orçamento para comprá-los. Se os médicos não cumprem o expediente, deve-se cobrar ao Diretor do hospital a punição dos faltosos.

As causas de nosso acidente judiciário não são analisadas com cuidado nem pelos estudiosos, nem pela imprensa, nem pelos juízes. Todos dedicam pouco tempo a observar o conjunto. Dá muito trabalho separar fio por fio no emaranhado da caixa-preta, é difícil concentrar-se no cipoal de mazelas e definir onde se origina cada uma. Ademais, isso pode incomodar bastante a pessoas muito poderosas que preferem não ser incomodadas.

Quando não temos clareza nas causas e nas responsabilidades é mais fácil para os agentes públicos justificarem-se e escaparem de suas responsabilidades. A responsabilidade é de todo mundo e de ninguém. É o sistema, como um todo, que não funciona, mas ninguém é pessoalmente responsável por nada.

Isso vale em qualquer situação como vim a saber quando assumi o cargo de juiz federal em 2003 e fui trabalhar em Natal, em um prédio elegante de 4 andares. Em cada andar havia um bebedor para atender aos usuários do fórum, as pessoas que procuravam os serviços do Poder Judiciário. Os bebedouros eram aqueles abastecidos por garrafões de vinte litros. Em cada andar havia também formulários que podiam ser preenchidos com reclamações e sugestões para aprimoramento do serviço. Uma das reclamações mais comuns dos usuários do serviço era a falta d'água nos bebedouros.

A diretora administrativa, então, investigou as causas da falta d'água. Será que não tínhamos orçamento para comprar água? Na verdade, havia dinheiro e havia água, o problema é que os garrafões secavam e não eram repostos. Havia também pessoas fazendo serviços gerais em número suficiente, mas ninguém sabia quem era responsável por checar o nível e repor os garrafões de 20 litros de água mineral. A diretora administrativa, então, designou pessoalmente um zelador em cada andar para a tarefa. A responsabilidade seria individual. Agora se sabia quem deveria fazer o quê, como e quando. Sabia-se a quem pedir a prestação de contas e quem seria cobrado em caso de falha do serviço. O problema foi superado. Atribuiu-se responsabilidade. *Accountability.*

Na Justiça brasileira acontece algo parecido. Nossa água está seca, mas ninguém sabe quem é o responsável pela reposição do garrafão. Temos a sensação de que a Lei não é cumprida. Não conseguimos prender os criminosos, sobretudo a alta criminalidade de colarinho branco. É difícil cobrar dívidas, assim como ter direitos assegurados em um processo judicial. Quando pensamos em atribuir responsabilidade aos juízes, os juízes argumentam que falta estrutura e que as leis são frágeis. Quando pensamos em atribuir responsabilidade à polícia, a polícia argumenta que prende os criminosos, mas a Justiça solta. Quando pensamos em atribuir responsabilidade aos políticos, os políticos dizem que as leis são boas, mas os juízes são preguiçosos, uma classe de privilegiados que não tem compromisso com a Justiça.

Ao longo de todos esses anos como juiz sempre me tem incomodado o olhar inquiridor das pessoas, dos amigos, dos familiares: por que não funciona? Os juízes não trabalham o suficiente? Os juízes não trabalham corretamente? Na verdade, a imensa maioria dos brasileiros não entende o Poder Judiciário e seus problemas. Afinal, para que serve o Poder Judiciário? Como funciona e porque não funciona tão bem? Quem são estes incumbidos de julgar todos os demais?

De antemão afirmo que todos somos omissos. Digo todos porque poderíamos falar mais, denunciar mais, propor mais. Os juízes são treinados e inseridos em uma instituição que nos estimula a falar pouco e trabalhar muito. Faça o seu trabalho, um dia será reconhecido. Esse é o lema. O problema da justiça no Brasil é um problema complexo. Ainda que houvesse juízes suficientes, ainda que eles fossem todos honestos, ainda que todos os juízes trabalhassem 24 horas por dia, pouco ou nada seria melhor na justiça de nosso país. Complexo não significa sem solução, de causas desconhecidas ou indefiníveis ou coisa do gênero. Complexo significa de muitas causas que se entrelaçam, se entrecruzam, mas têm origens e soluções diferentes.

O trabalho dos juízes é apenas o final de um processo que começa com as leis, que deveriam ser justas e eficazes, passa pelos órgãos de fiscalização e pelas polícias, pelas faculdades de Direito, pelos advogados, pelos membros do Ministério Público, pelos juízes de primeiro e segundo grau e termina nos órgãos de cúpula do Poder Judiciário.

Se entendermos as causas podemos entender a quem cobrar, o que cobrar e a quem responsabilizar pelo não funcionamento do sistema. Os juízes têm uma grande parcela de culpa. Mas não conseguiremos mudar sem a participação de todos os setores da sociedade, não conseguiremos mudar sem um alto grau de capacidade analítica e alguma praticidade. Acima de tudo, é preciso uma profunda reforma em nossos valores. Desconfio que essa reforma já tenha começado. A tartaruga pôs-se a caminhar. Mas o momento é crítico, a tartaruga, infelizmente, é um pouco cega, e há sempre o risco de estarmos caminhando para o lado errado. Só quando muitos enxergam, somos capazes de enxergar o caminho certo.

É hora de abrirmos os olhos.

A Justiça, essa Quimera

> "O juiz não é nomeado para fazer favores com a justiça, mas para julgar segundo as leis."
>
> *Platão*

A Quimera é um ser mitológico ameaçador, imenso, capaz de soltar fogo pelas narinas. Há registros da Quimera desde o século VII a.C., na mitologia grega. Homero a descreve, na Ilíada, como um ser que tem a frente de leão, uma cabeça de cabra nas costas e cujo rabo é uma serpente. Segundo a lenda, este ser terrificante foi derrotado por Belerofonte, com a ajuda de Pégaso, o cavalo alado. Para mente moderna e racional, quimera virou sinônimo do que não existe, ou que só existe nos sonhos. Não precisamos temer o monstro, é apenas uma quimera. Seria a Justiça uma quimera? Algo que existe apenas como uma fantasia, um ideal inalcançável, mas, ainda assim, capaz de nos amedrontar? Algo forte e poderoso que nos põe medo, mas não soluciona os nossos problemas nem existe de verdade?

É extremamente difícil definir a Justiça e dizer o que é justo. Dizer o que é a Justiça é algo que tem inquietado filósofos e pensadores ao longo dos milhares de anos da história do homem. Parece que não chegamos ainda a uma conclusão. Até 500 ou 600 anos atrás parecia justo queimar bruxas, prender ou até matar homossexuais. Até 200 anos atrás parecia justo e aceitável escravizar pessoas diferentes do padrão social dominante, sobretudo os negros. Até 50 anos atrás parecia muito justo que as mulheres casadas não pudessem trabalhar sem a autorização de seus maridos.

As modificações sociais e culturais alteram assustadoramente nossos padrões de justiça. Mesmo assim, há muitos que acreditam que a Justiça é absoluta e não depende de fatores econômicos, históricos, políticos, sociais ou culturais. Não é porque não conseguimos dizer o que é a Justiça que ela não exista. Afinal, os buracos negros sempre existiram, mas há 500 anos ainda acreditávamos que a Terra era o centro do Universo. Outros acreditam que não existe Justiça, com "j" maiúsculo. A justiça é um conceito relativo, o que é justo hoje poderá ser considerado injusto amanhã. Já a injustiça de hoje poderá ser considerada justiça amanhã.

As discussões sobre a Justiça são infinitas e infindáveis, mas o ser humano, o homem político e social do nosso tempo ou, pelo menos, o homem político e social do mundo ocidental desenvolvido, parece ter chegado a um bom termo em pelo menos um ponto: a fim de acabar ou, quando menos, suspender as infindáveis discussões sobre a Justiça, passou a considerar justo o que a Lei diz que é justo. Não qualquer lei, mas a Lei aprovada e estabelecida pelo povo por meio de seus representantes. Essa é a ideia fundamental de Estado de Direito e Democracia.

Estado de Direito é a organização política em que todos, governantes e governados, o servente de pedreiro e o zelador, mas também o Presidente da República, os Ministros, os Deputados e os Senadores, se submetem e cumprem o que manda a Lei. Essa foi, sem sombra de dúvida, uma grande conquista da nossa civilização. Assim como a democracia. No sistema democrático, a lei não é criada por um soberano ungido por Deus ou alçado ao trono pelo direito de sangue, mas pelo próprio povo, por meio de representantes eleitos. Eis aí, portanto, duas grandes conquistas do mundo civilizado: o Estado de Direito e a Democracia.

A Justiça, portanto, passa a ser uma questão de cumprir a Lei. Ou, pelo menos, deveria ser, na grande maioria dos casos, simplesmente uma questão de cumprir a Lei. Mas não qualquer lei, a Lei aprovada pelos representantes eleitos do povo. Além disso, não se trata de cumprir a Lei de qualquer modo. A Lei deve ser aplicada de modo igual a todas as pessoas, independentemente de sua classe social, condição econômica, cor da pele, sexo ou crença religiosa. Não precisamos mais nos preocupar se a Justiça existe, se tem cabeça de leão ou cauda de serpente, se sopra fogo pelas narinas. Fazer justiça é aplicar a Lei aprovada pelos representantes do povo de modo igual para todos. Simples assim.

Isso evita uma série de dúvidas e discussões sobre o que é justo ou sobre o que é a Justiça. O problema passa a ser (a) assegurar que todos possam votar e escolher seus representantes de modo livre; (b) assegurar o cumprimento da Lei, em igualdade de condições, por todos os cidadãos, independentemente de sua classe social, condição econômica, cor da pele, sexo ou crença religiosa. É claro que há sempre o problema de saber se as leis aprovadas pelos representantes eleitos do povo são leis justas, mas esse é um problema de caráter mais profundo e residual. Se conseguíssemos assegurar o cumprimento da Lei por todos, já teríamos andado um bom caminho.

Os problemas da justiça brasileira dizem respeito muito mais a não conseguirmos fazer com que a Lei seja cumprida por todos em igualdade de condições ou aplicada com o mesmo rigor a todos os brasileiros que a qualquer outra coisa. É verdade, algumas leis poderiam e deveriam ser modificadas, melhoradas, aprimoradas, mas, de modo geral, temos leis suficientemente boas. Às vezes tão boas que a aplicação torna-se difícil, quando não impossível. O problema é que a aplicação das leis no Brasil é falha e desigual, como é desigual a distribuição de renda, o acesso à educação e à saúde e a tudo mais. Esse é o primeiro e principal problema do nosso sistema de Justiça.

E por que o Poder Judiciário não funciona ou funciona mal no Brasil? Por que o Poder Judiciário não consegue fazer com que a Lei seja cumprida por todos em igualdade de condições? Por que o Poder Judiciário não consegue fazer com que a Lei seja aplicada com o mesmo rigor a todos os brasileiros?

É isso que tentaremos responder ao longo deste livro.

Qual injustiça?

"As leis existem, mas quem as aplica?"

Dante Alighieri, Purgatório, *"A Divina Comédia"*.

Há diversos tipos de injustiça. A Justiça não se faz como mágica com a publicação de uma nova lei, até porque frequentemente há leis injustas. Algumas vezes, portanto, a Lei é a própria causa da injustiça. Nos Estados Unidos da América, até a década de 60 do século passado, havia leis que determinavam a segregação entre negros e brancos. Os negros não podiam pegar os mesmos ônibus, frequentar os mesmos restaurantes ou a mesma escola que os brancos. Percebemos hoje que essa era uma lei injusta. Mesmo quando a Lei é justa, é preciso assegurar que seja cumprida, e isso demanda muito esforço da sociedade. De nada adianta uma Lei justa que é solenemente ignorada ou descumprida.

A lei que reserva vagas prioritárias para as pessoas com necessidades especiais em estacionamentos públicos parece uma lei muito justa. Imagine, no entanto, que, a autoridade de trânsito de determinada cidade tolere que algumas pessoas influentes estacionem livremente nessas vagas, sem adotar quaisquer providências. Nada de multa, nada de apreensão do veículo. Simplesmente o olhar complacente dos agentes de trânsito. A Lei é flagrantemente descumprida, mas as autoridades de fiscalização e controle ficam inertes. Há um tipo diferente de injustiça aqui. A Lei não é injusta, mas a injustiça decorre do seu não cumprimento e esse não cumprimento está relacionado à omissão dos órgãos de fiscalização e controle, no caso, a autoridade de trânsito.

Há ainda outro tipo de injustiça quando a Lei não é aplicada ou é aplicada de modo inadequado pelo Poder Judiciário. Dou um exemplo. Nossa legislação penal criminaliza a corrupção e os crimes do colarinho branco, como a lavagem de dinheiro. A lei é justa. Eventualmente a polícia e o Ministério Público conseguem investigar esses crimes e processar os acusados, inicia-se um processo penal. Os órgãos de fiscalização e controle atuaram de acordo com a lei, de modo justo. Contudo, muitas vezes, o Poder Judiciário não consegue punir os criminosos. Os processos demoram anos e anos e as penas acabam prescritas. Neste exemplo temos leis aparentemente justas, os órgãos de fiscalização e controle atuam com justiça, mas há injustiça na aplicação da Lei pelo Poder Judiciário.

Quando dizemos que nosso sistema de justiça é extremamente injusto, sem perceber, estamos nos referindo a esses três tipos diferentes de injustiça que, na verdade, estão entrelaçados e se influenciam mutuamente. A injustiça da lei, a injustiça na aplicação da lei pelos órgãos de fiscalização e controle e a injustiça na aplicação da lei pelo Poder Judiciário. Uma lei que determina a segregação de pessoas em razão da cor da pele é uma lei injusta. A injustiça é da própria lei.

A lei que estabelece multa contra os motoristas que dirigem embriagados é uma lei justa, pois protege todos os outros motoristas e pedestres. Todavia, quando os órgãos de trânsito não multam um motorista que dirige embriagado porque ele é alguém poderoso, amigo do prefeito, por exemplo, ou em troca de alguma vantagem indevida, como dinheiro ou presentes, temos um caso de injustiça na aplicação da lei pelos órgãos de fiscalização e controle.

Há ainda uma terceira possibilidade. Imagine, por exemplo, o crime de tráfico ilícito de entorpecentes. A lei que determina punição por este crime é uma lei justa. Imagine o caso em que a polícia investiga e o Ministério Público acusa determinada pessoa pela pratica desse crime, levando-a a responder um processo perante o Poder Judiciário. Ao sentenciar, o juiz absolve o acusado mediante o recebimento de propina. Neste caso, a lei é justa, há justiça na aplicação da lei pelos órgãos de fiscalização e controle (polícia e Ministério Público), mas há injustiça na aplicação da lei pelo Poder Judiciário.

Estabelecer diferenças é importante porque os juízes não têm controle sobre todo o sistema de Justiça, mas apenas sobre parte dele. Além disso, são decisivamente influenciados pelos demais aspectos da injustiça, a que decorre da Lei injusta e a que decorre da não aplicação ou aplicação inadequada da Lei pelos órgãos de fiscalização e controle.

Além disso, é muito importante esclarecer que os juízes não fazem justiça quando e como querem. Os juízes só podem atuar quando a Lei for descumprida ou não for aplicada do modo como deveria ter sido. Ou seja, quando há uma injustiça na aplicação da Lei. Nunca antes. Outro ponto importante: o Poder Judiciário nunca atua se não for provocado, se não for chamado a atuar. Alguém precisa pedir a atuação dos juízes, reclamar que outra pessoa descumpriu a Lei ou não a aplicou como deveria.

Os juízes também não podem corrigir a injustiça da lei. A não ser em casos muito restritos, quando os juízes deixam de aplicar as leis para aplicar a Constituição da República, que é a Lei das leis. A regra geral, contudo, é que os juízes estão obrigados a aplicar a lei, ainda que considerem que a lei não é tão justa quanto poderia ser. É assim para que a vontade do povo, expressa nas leis aprovadas por seus representantes, seja respeitada.

Portanto, em primeiro lugar, é preciso que haja uma violação da Lei. Verificada a violação, em muitos casos os órgãos de fiscalização e controle, como polícias, agentes de trânsito, fiscalização tributária etc. conseguem reparar a violação à Lei mediante a aplicação de multas e outras sanções que fazem com que a Lei seja restabelecida e aquele que a descumpriu seja punido. Quando os órgãos de fiscalização e controle não conseguem, sozinhos, fazer com que a Lei seja cumprida, devem pedir a atuação judicial.

Algumas vezes são os particulares que reclamam que os órgãos de fiscalização e controle estão aplicando a Lei de modo injusto ou abusivo e recorrem ao Judiciário. Isso ocorre em casos como cobrança indevida de tributos e multas de trânsito, não pagamento de benefícios previdenciários etc. De todo modo, é preciso que alguém venha até o juiz reclamar da violação à Lei. Se houve uma violação à Lei, mas ninguém fez um pedido ao juiz, o juiz não pode atuar por sua própria vontade. Se atuasse, seria um justiceiro e não um juiz.

O juiz nunca atua por sua própria vontade, somente se houver uma provocação. É assim para que o juiz permaneça em uma posição de imparcialidade. O juiz não acusa ninguém, não cobra as dívidas de ninguém, não exige o cumprimento da Lei. O juiz não está do lado de qualquer das partes em uma disputa judicial. Ele é imparcial. Deve permanecer imparcial. O lado do juiz é o lado da justa aplicação da Lei. Alguém acusa, alguém cobra as dívidas, alguém exige o cumprimento da Lei. O juiz avaliará de modo imparcial se esse alguém tem razão em suas alegações, se esse alguém tem direito. Se, depois de ouvido o suposto acusado, o suposto devedor, o suposto descumpridor da Lei; se, depois de produzidas as provas, o juiz chegar à conclusão de que a Lei foi descumprida ou cumprida de modo injusto, então utilizará a força para que a Lei seja cumprida. Mas isso não pode ser feito de qualquer modo. O juiz só pode forçar o cumprimento da Lei nos termos e limites que a própria Lei autoriza. Algumas vezes, como veremos, esses meios são bastante frágeis e pouco convincentes.

Deve ficar bastante claro que o Poder Judiciário não atua sempre que há uma injustiça na aplicação da Lei. Isso porque o Poder Judiciário é, ou deveria ser, a *ultima ratio*, o último recurso, o apelo final. Os órgãos públicos de fiscalização e controle e os cidadãos dispõem de alguns mecanismos para assegurar a aplicação das leis antes de serem obrigados a recorrer ao Poder Judiciário.

As multas contratuais, por exemplo, são instrumentos que estimulam os devedores a pagarem suas dívidas no prazo acordado. Imagine que você comprou uma casa nova e pagou por ela o valor de R$ 50 mil. O ex-proprietário obrigou-se, pelo mesmo contrato, a desocupar a casa no prazo de 30 dias após o pagamento. A previsão de devolução em dobro do valor pago, caso o vendedor não desocupe o imóvel, é uma forma de assegurar que a Lei e contrato sejam cumpridos.

As multas de trânsito são outro exemplo de mecanismos que procuram assegurar a aplicação da Lei independentemente da atuação do Poder Judiciário. Somos todos mais inclinados a respeitar os limites de velocidade nas rodovias estaduais e federais quando sabemos que há fiscalização eletrônica e que as multas por excesso de velocidade são elevadas. Apenas quando as multas não são pagas, é que os órgãos de fiscalização pedem aos juízes que obriguem os infratores a pagarem as multas.

A fiscalização tributária, por exemplo, está empenhada em fazer com que a Lei seja cumprida por todos. A chamada malha fina do imposto de renda e as elevadas multas tributárias estimulam as pessoas a declarar e a pagar os tributos de acordo com a Lei. Somente quando o Fisco não consegue fazer com que o contribuinte pague os tributos devidos, recorre ao Judiciário para cobrar a dívida.

Pode-se ver, portanto, que os órgãos públicos de fiscalização e controle são o primeiro mecanismo para que as leis sejam aplicadas com Justiça. Quando esses órgãos e os mecanismos particulares falham, quando nem eles conseguem fazer com que a Lei seja cumprida, o caminho é pedir para que o Poder Judiciário atue, assegurando a justa aplicação da Lei.

Quando os órgãos públicos de fiscalização e controle são frágeis, corruptos ou ineficientes, o número de casos e o grau de injustiça ou desigualdade da aplicação da Lei é muito elevado. Imagine a hipotética cidadezinha chamada Injustia. Em Injustia, os aliados políticos do prefeito conseguem anular suas multas de trânsito no Departamento Municipal de Trânsito de Injustia – DMTI. Em razão disso, os adversários políticos do prefeito também não se sentem obrigados a cumprir as normas e procuram meios de influenciar a autoridade de trânsito para que suas multas também sejam anuladas. O resultado é que as pessoas são desestimuladas a cumprir as normas que obrigam o uso de capacete e cinto de segurança e, mesmo quando tais normas são cumpridas, tudo parece muito injusto.

Quando o grau de ineficiência dos órgãos de fiscalização e controle é alto, o índice de adesão à Lei é baixo. As pessoas buscam constantemente maneiras de descumprir a Lei porque não acreditam que será cumprida de modo igual por todos. É uma espécie de salve-se quem puder. A consequência disso é que mais e mais pessoas passam a descumprir a Lei e os órgãos de fiscalização e controle conseguem cada vez menos assegurar o seu cumprimento com os meios que têm à disposição. É preciso acionar o Poder Judiciário, que fica sobrecarregado e também não consegue assegurar que a Lei seja cumprida quando todos estão empenhados em descumpri-la.

Nesses casos, o Poder Judiciário, sozinho, jamais conseguirá reparar e dar credibilidade ao sistema. A adesão à Lei está de tal modo esgarçada, que a atuação do Poder Judiciário importará muito pouco ou nada. O próprio Judiciário perde a credibilidade. As pessoas não confiam na atuação dos juízes e, de modo geral, confundem a ineficiência dos órgãos de fiscalização e controle com a ineficiência do Poder Judiciário.

Nesses casos, parece claro que o problema é sistêmico, mas é importante separar quando e como cada setor responsável pela justa aplicação da Lei contribui para a falência do sistema, para a falta de confiança da sociedade na justa aplicação da Lei. Lembremos a lição de Sun Tzu: se não conhecermos nossa deficiência e a de nossos inimigos não conseguiremos vencer a batalha. Se não houver *accountability*, estaremos cegos.

O Poder Judiciário é apenas o último grau de um complexo sistema para fazer com que as leis sejam aplicadas de modo justo. Em primeiro lugar é necessária a livre adesão das pessoas ao que manda a Lei. Normalmente se consegue isso quando as leis são razoavelmente justas e atendem aos anseios sociais. Em segundo lugar, é necessário um sistema de fiscalização e controle capaz de assegurar que aqueles que não aderirem voluntariamente ao que manda a Lei sejam punidos. Somente quando esses dois primeiros níveis falharem deve entrar em ação o Poder Judiciário. O problema é que, quando os dois primeiros níveis falham largamente e de modo contumaz, nem o mais eficiente dos Poderes Judiciários seria capaz de dar conta do recado.

Um bom exemplo de baixa efetividade na aplicação da Lei ocorre com o sistema tributário brasileiro. Diz-se que no Brasil todo mundo, em maior ou menor grau, dessa ou daquela maneira, sonega impostos. Só não sonega quem não pode. Quando a tributação é feita na fonte, por exemplo, impede-se qualquer manobra fiscal, é impossível sonegar. Os especialistas apontam algumas causas para esse comportamento. A primeira delas diz respeito à injustiça da Lei. A carga tributária é imensa e muito mal dividida. Em muitos casos os pobres pagam mais que os ricos.

Em segundo lugar, os órgãos de fiscalização, embora tenham se aperfeiçoado muito nas últimas décadas, ainda são pouco eficientes em pegar os grandes sonegadores. O governo prefere aumentar os tributos a formular uma política forte de combate à sonegação fiscal. A cada ano é editada uma nova lei com possibilidade de parcelamento de dívidas tributárias, perdão de multas etc., o que passa para todos a mensagem de que é melhor não pagar e esperar o benefício fiscal.

A Procuradoria da Fazenda Nacional – PFN é o órgão que defende os interesses do governo federal nas questões tributárias. A PFN é também responsável por cobrar os tributos de todos os contribuintes que não cumprem as leis tributárias. Entre 2000 e 2003 trabalhei na PFN como Procurador da Fazenda Nacional. Até então, não havia uma política estruturada para cobrança dos créditos fiscais dos chamados grandes devedores. O sistema começou a se estruturar por aquela época e eu tive a oportunidade de trabalhar no setor.

Não havia, por exemplo, um órgão de inteligência específico capaz de auxiliar o trabalho dos procuradores em casos de ocultação de bens. Os procuradores trabalhavam com o auxílio da Receita Federal, de modo meio improvisado. Não havia uma estratégia de cobrança dessas dívidas claramente definida. Em grande parte, isso se dá porque não há uma opção política clara em prol dessa cobrança. Não raro, os grandes devedores do Fisco têm grande poder econômico e político, o que dificulta ações políticas claras pela cobrança.

Como em todo país do mundo ocidental minimamente sério, sonegar tributos no Brasil é crime. Se você sonegar o tributo e for descoberto, deveria ir para a cadeia. É isso que acontece nos países desenvolvidos. Mas aqui é diferente. No Brasil, na prática, se você sonegar o tributo e for descoberto, você só irá para a cadeia se não pagar o tributo devido. Quando você paga, deixa de haver crime.

Qualquer pessoa um pouco inteligente pode fazer a seguinte análise de risco: sonego, se não for pego, ótimo, ganhei! Se for pego, pago o tributo e não serei punido. No fim das contas, a mensagem que a Lei passa é a seguinte: é permitido a todos sonegar tributos, desde que, se alguém for flagrado, pague a dívida. Esse é um bom exemplo de como a Lei pode ser injusta e estimular comportamentos contrários à Lei.

Além disso, a lei não estabelece diferença entre sonegar 10 mil reais ou 10 milhões de reais. Tanto em um caso como no outro, trata-se do mesmo crime sujeito à mesma pena. Assim também na corrupção. Um político corrupto que receba 10 mil reais para aprovar uma lei e outro que receba 10 milhões estão sujeitos ao mesmo crime de corrupção passiva e à mesma pena.

A sonegação fiscal é um crime do colarinho branco que tem efeitos bastante nocivos sobre toda a sociedade. Tal qual a corrupção, a sonegação suga os recursos públicos e destrói a concorrência. Os que pagam tributos de modo regular não conseguem concorrer com aqueles que sonegam. Isso cria um ambiente que estimula a sonegação fiscal.

Nesses casos, quando os juízes são chamados a aplicar a Lei, não têm mecanismos para restaurar a Justiça porque a própria Lei é injusta e porque há falhas profundas no modo de atuar dos órgãos de fiscalização e controle. Tudo isso gera um círculo vicioso.

Muitas vezes temos uma sensação difusa de injustiça, mas não conseguimos identificar se o problema está na Justiça da Lei, na Justiça da aplicação da Lei pelos órgãos de fiscalização e controle, ou se na Justiça da aplicação da Lei pelo Poder Judiciário. Na maioria das vezes, como veremos ao longo desse livro, o problema é sistêmico e cada uma dessas partes contribui um pouco para a injustiça nossa de cada dia. As pessoas que estão de fora e têm fome e sede de Justiça reclamam indistintamente e com muita razão: não há Justiça no Brasil!

Sistema de Justiça, muito prazer!

"Se o conhecimento pode criar problemas, não é através da ignorância que podemos superá-los."

Isaac Asimov

É comum dizer que a Justiça não funciona no Brasil. Contudo, é impossível analisar as deficiências do Poder Judiciário sem contextualizar o seu funcionamento dentro de um panorama mais abrangente. O Poder Judiciário faz parte de um conjunto mais amplo de instituições e organismos que chamamos de sistema de Justiça.

Como vimos, no mundo ocidental moderno, o valor Justiça está relacionado às leis. Justo é o que a lei diz que é justo. Mas isso não adiantaria nada se as leis não fossem cumpridas, ou se não fossem cumpridas de modo igual por todos. Sendo assim, a Justiça está ligada às leis. Não a quaisquer leis, mas às leis aprovadas pelos representantes do povo. Não de qualquer modo, mas de modo que as leis sejam respeitadas e cumpridas igualmente por todos os cidadãos, não importa se ricos ou pobres, pretos ou brancos, deputados, senadores ou zeladores. A Justiça, para fins práticos, tem a ver com respeito à Lei e com a confiança de que, caso a Lei não seja cumprida, alguém poderá pedir ao poder judiciário que puna aquele que a descumpriu ou force-o a cumpri-la.

A Justiça também está relacionada a uma justa distribuição de bens e direitos. O que, como vimos, é feito pela Lei. São as leis que distribuem bens e direitos, estabelecendo quem tem direito ao quê e por quê. São as leis que dizem como e porque as pessoas podem ser consideradas donas de um apartamento ou de um carro, por exemplo. São as leis que determinam em que condições as pessoas podem frequentar as escolas e hospitais públicos ou acessar as universidades públicas. São as leis que estabelecem que os contratos assinados por pessoas maiores e capazes são obrigatórios desde que respeitados determinados limites e condições. As leis definem todo o arcabouço das regras que regem os contratos de trabalho, os contratos de estudantes com as escolas e universidade particulares, a prestação de serviços de televisão por assinatura ou de telefonia.

Basicamente a Lei diz quem tem direito a quê, seja esse direito material, como um carro, ou imaterial, como o direito de ir e vir ou o direito de manifestar livremente opiniões e pensamentos. São também as leis que fixam os tributos e estabelecem quanto, como e em que medida cada cidadão está obrigado a contribuir para as despesas públicas.

O sistema de Justiça, portanto, é o conjunto de todos os órgãos e instituições de um determinado país que estão ocupados em fazer as leis e em garantir o seu cumprimento, inclusive punindo aqueles que as descumpriram. Quem faz isso não são apenas os juízes, advogados e promotores de justiça. Os juízes e todos aqueles que trabalham direta ou indiretamente no poder judiciário são apenas uma parte de todo esse sistema.

O sistema de Justiça é composto dos legisladores, isto é, dos vereadores, dos deputados estaduais e federais e dos senadores, pois eles são responsáveis por fazer as leis. Também compõem o sistema de Justiça todos aqueles que fazem parte dos órgãos de fiscalização e controle, aquelas pessoas que são responsáveis por fiscalizar se as leis estão sendo cumpridas e, muitas vezes, são também responsáveis por punir aqueles que descumprem as leis. Nessa categoria estão os policiais, os agentes de trânsito, os fiscais, sejam eles auditores-fiscais da receita, fiscais do IBAMA, fiscais do ministério da agricultura etc.

Por fim, fazem parte do sistema de Justiça os juízes, desembargadores e ministros, que compõem o poder judiciário; os advogados, públicos ou privados, os defensores públicos, e os promotores de justiça, que atuam junto ao Poder Judiciário. Essas pessoas são responsáveis por assegurar, quando tudo mais falhou, que as leis sejam cumpridas ou que aqueles que as descumpriram sejam punidos.

Este livro tem por objetivo oferecer uma visão geral do funcionamento do Poder Judiciário e de suas disfuncionalidades. É impossível, contudo, fazer isso, se não enxergarmos onde o Judiciário está inserido, qual a sua função e como se relaciona com os demais poderes e com os demais órgãos que compõem o sistema de Justiça. No curso de Direito, aprendemos que o poder do Estado divide-se em três poderes independentes e harmônicos entre si. O Poder Legislativo tem a função de fazer as leis. O Poder Executivo tem a função de gerir o aparelho estatal e prestar serviços públicos, executando as leis. O Poder Judiciário tem a função de solucionar os conflitos decorrentes da aplicação das leis.

Essa afirmação é verdadeira, enfatiza o que os três poderes têm de diferente, destacando a principal função de cada um deles. Contudo, oferece uma visão bastante simplificada. Se analisarmos mais profundamente, podemos dizer que o Estado moderno tem por fim último assegurar a liberdade e a igualdade dos seus cidadãos. A maneira que os filósofos iluministas encontraram de fazer isso determinou o desenvolvimento de todos os sistemas políticos em torno das quais se organizam os países ocidentais desenvolvidos e boa parte dos subdesenvolvidos ou em desenvolvimento. Essa maneira tem a ver com a substituição do governo dos homens pelo governo das leis.

As ideias de Hobbes, Locke, Rousseau e Montesquieu, entre outros, moldaram a organização política dos estados modernos sobre a ideia de que o poder do soberano deve ser limitado pela Lei. Até então os reis detinham poder absoluto, podendo decidir a guerra e a paz, a vida e a morte, exclusivamente de acordo com sua vontade. Com as ideias iluministas e as revoluções que se seguiram, o governo dos homens foi substituído pelo governo das leis. Os reis passam, então, a submeter-se a um poder maior, que não é titulado por uma única pessoa ou por um grupo limitado de pessoas, mas por todas as pessoas que, juntas, formam a nação: o povo.

O poder do povo é expresso por leis aprovadas por seus representantes. Para garantir que não seja usado abusivamente nem usurpado por quem o exerce temporariamente, esse poder absoluto, que emana do povo, é divido em três funções distintas, exercidas por pessoas diversas. As funções legislativa, executiva e judicial, que correspondem a cada um dos três poderes.

Cada uma desses poderes limita e fiscaliza o exercício dos outros dois. O presidente da República, chefe do poder executivo, não pode tudo, deve se submeter às leis aprovadas pelo parlamento. Os parlamentares não podem tudo; eles aprovam as leis, mas quem as executa é o poder executivo. Os juízes não podem tudo, eles resolvem os conflitos de acordo com as leis aprovadas pelo parlamento, não como quiserem. A ideia é que presidente, governadores, prefeitos, deputados, senadores, vereadores e juízes limitem-se mutuamente no exercício do poder.

A divisão de poderes e cada uma das funções exercidas por cada um dos poderes têm por fim primordial, em última análise, assegurar que as leis sejam respeitadas de modo igual por todos os cidadãos. Essa é a ideia central por trás do estado moderno e da nossa organização política: que a Lei seja respeitada e cumprida de modo igual por todos. É a isso que chamamos Estado de Direito ou *Rule of Law*.

A função do Poder Judiciário, assim como suas disfunções e mazelas, está, portanto, de algum modo, ligada à função dos demais poderes. Será difícil garantir o cumprimento de leis injustas. Leis injustas são muito mais desrespeitadas que leis justas. Isso se reflete, por exemplo, em um conhecido postulado econômico: quanto mais alta a carga tributária, maior o nível de sonegação de impostos.

De igual modo, quando os órgãos de fiscalização e controle não atuam como deveriam, haverá mais conflitos sociais e, portanto, maior número de casos dependerá de solução pelo Poder Judiciário. Quando não há fiscalização adequada, o descumprimento da lei aumenta. Quando as punições são brandas ou não são aplicadas, as leis são descumpridas mais vezes e, consequentemente, maior número de casos chegará ao Poder Judiciário. Ao longo do livro, veremos exemplos concretos de como cada um desses fenômenos ocorre no Brasil e contribui para o mau funcionamento do Poder Judiciário.

Um chamado ao combate

> "Apenas é digno da vida aquele que todos os dias parte para ela em combate."
>
> *Johann Goethe*

É difícil explicar a qualquer pessoa, de qualquer grau de instrução, de qualquer classe social, como funciona o Poder Judiciário. O que fazem os juízes? Como os juízes fazem o que fazem? Como são feitos os juízes?

É um pouco mais fácil explicar a alguém por que ele foi acionado na justiça ou porque ele precisa do Judiciário em um momento específico da sua vida, seja para cobrar uma dívida, seja para se divorciar, seja para pedir indenização contra a companhia aérea que atrasou o voo e deixou-o a noite inteira esperando em um aeroporto estrangeiro.

Quando nos vemos envolvidos em uma disputa judicial e precisamos do Judiciário é como se estivéssemos doentes. A doença chega sem avisar e não nos deixa saída, precisamos procurar o médico, seguir o tratamento, tomar os remédios. Nada melhor que a doença para nos estimular a entender os mecanismos do corpo, respeitá-los e procurar a cura. Quem já entrou em uma disputa judicial talvez entenda um pouco melhor o funcionamento da Justiça.

Tantas vezes já ouvi meus amigos, em um misto de desconfiança e perplexidade, depois de alguma hesitação, finalmente me perguntarem: o que você faz mesmo, hein? Gosto muito dessa pergunta. Me ajeito na cadeira. Me preparo para dar uma explicação, a melhor explicação. Chego a aguar a boca, como uma criança diante de uma bola de sorvete. Então começo. Começo do começo e talvez seja esse o meu erro. Ou talvez eles não queiram mesmo nenhuma explicação. O fato é que sempre fico com a impressão de que uma boa parte do sorvete derreteu e escorreu pelas minhas mãos.

Como uma criança, antes que eu possa comer tudo, o sorvete começa a derreter, eu fico tentando evitar que escorra pelas minhas mãos. De repente, as pessoas perdem o interesse, perderiam de qualquer modo. Rapidamente pulam para outro assunto. Por que saber como funciona e quais os problemas da Justiça? A crítica fácil é bem mais cômoda. O Poder Judiciário não funciona e pronto. Os juízes são preguiçosos, ganham muito e trabalham pouco. A polícia prende, a justiça solta. E tudo o mais que seja fácil para nos fazer pensar que entendemos a crise do Poder Judiciário. Quanto disso é verdade?

Investigar as causas é trabalhoso, exige um pouco de concentração e tenacidade, mas, com certeza, é também um caminho mais seguro e frutífero para entendermos os problemas e apontarmos soluções. Esse livro pretende, pelo menos, enxergar os problemas do Poder Judiciário do modo mais objetivo possível, talvez apontar algumas soluções ou os caminhos possíveis. Todavia, não haverá soluções efetivas se a sociedade brasileira não se apropriar das causas e não tiver uma visão clara sobre a crise do nosso sistema de Justiça.

Ao longo dos próximos capítulos, tentarei mostrar como funciona o Poder Judiciário, o que fazem os juízes, como os juízes fazem o que fazem e como são feitos os juízes. Veremos por dentro da caixa-preta as mazelas e incongruências do que tem sido chamado de o mais fechado dos Poderes. Além disso, teremos oportunidade de nos deparar com alguns problemas cuja solução não depende diretamente dos juízes, embora possa ser fortemente influenciada por eles. Durante todo o percurso estaremos preocupados em saber por que o Poder Judiciário não funciona no Brasil. Quem deve ser responsabilizado por isso? Por que a sensação de impunidade nos ronda?

Desde 2009, a Fundação Getulio Vargas – FGV produz semestralmente uma pesquisa que tenta medir a percepção dos brasileiros com relação ao Poder Judiciário, é o Índice de Confiança no Poder Judiciário – ICJBrasil. No 1º semestre de 2017, foram entrevistadas 1.650 pessoas, em 8 unidades da federação, o índice de confiança no Poder Judiciário foi de apenas 4,5, em uma escala de 0 (nada confiável) a 10 (altamente confiável). Apenas 24% dos entrevistados dizem confiar ou confiar muito no Poder Judiciário. Esse percentual é de 56% com relação às Forças Armadas, 53% com relação à

Igreja Católica, 37% com relação às redes sociais (Facebook, Twitter), 30% com relação às emissoras de TV e 7% com relação aos partidos políticos.

Interessante notar que há dois subíndices. Um que se baseia na percepção e outro que leva em conta o comportamento. No subíndice de percepção, a pesquisa quer saber como a população entrevistada percebe a atuação do Poder Judiciário. No subíndice comportamento, a pesquisa quer saber se as pessoas procurariam o Poder Judiciário para resolver conflitos. Em suma, a pesquisa faz uma relação entre como as pessoas percebem o judiciário e como elas se comportam com relação a ele. Quando o enfoque da pergunta é saber se as pessoas procurariam o Poder Judiciário para solucionar os seus conflitos, o índice sobe para 8,4. Isso quer dizer que, ainda que as pessoas não confiem no Poder Judiciário, estariam dispostas a procurá-lo para resolver esses conflitos em um grau 8,4, em uma escala de 0 a 10.

Os dados do ICJBrasil cuja pesquisa foi realizada entre maio e junho de 2017 não diferem muitos dos dados apresentados nas edições anteriores. Há uma clara má avaliação do Poder Judiciário como prestador de serviço público. Apenas metade dos entrevistados afirma que a maioria dos juízes é honesta. Para 76% dos entrevistados é fácil desobedecer à lei no Brasil. No total, 85% dos entrevistados afirmaram conhecer nada ou quase nada as leis brasileiras. Em outro quesito, 10% disseram que seguem as leis quase nada ou nada e outros 39% afirmaram que seguem as leis apenas um pouco. Os resultados são péssimos, mas o que eles expressam de verdade?

Se olharmos objetivamente para o nosso sistema de Justiça podemos chegar a conclusões desconcertantes. Em primeiro lugar, é preciso reconhecer que os problemas não se limitam ao funcionamento ou à eficiência do Poder Judiciário. Devemos considerar o sistema de Justiça de um ponto de vista mais amplo. Desconfio que, quando as pessoas são perguntadas sobre o Poder Judiciário, englobam na sensação de frustração uma série de problemas e percalços cuja solução não depende diretamente do Poder Judiciário. O meu argumento ficará mais claro ao longo do livro.

Por outro lado, parece certo que as pessoas não sabem como funciona o Poder Judiciário, já que não conhecem minimamente as leis. Não sabem o que podem esperar da atuação do juiz e dos demais atores da Justiça, nem sabem tampouco a quem e por que responsabilizar quando suas expectativas não são atendidas. Sendo assim, responsabilizam indistintamente, de modo bem genérico e borrado, o Poder Judiciário. Não estou, de modo algum, defendendo que os juízes não têm responsabilidade pela crise no sistema de Justiça, talvez a maior parcela seja deles. De todo modo, é preciso saber especificamente que parcela é essa.

Meu pai foi advogado, depois promotor de justiça. Quando criança, eu achava terrível a imagem dos processos, aquelas folhas velhas e amarrotadas, mal encadernadas, amareladas e impenetráveis. Meu pai tinha muitos livros, coleções de leis em um palavreado tão difícil que era impossível despertar o interesse de qualquer pessoa normal, quanto mais de um adolescente interessado na certeza e objetividade das ciências. Eu não queria ser advogado, nem promotor, nem juiz. Eu não queria estudar Direito.

Grande parte de meus colegas, assim como eu, chegamos ao ambiente hermético do Direito e do Poder Judiciário por exclusão ou esperança. Eram os que não gostavam de química, biologia nem matemática ou física ou os que foram atraídos pelo amplo campo de trabalho e pela possibilidade de, sendo aprovado em um concurso público, resolver de algum modo os problemas financeiros.

É surpreendente como até hoje o ensino médio não dá aos seus alunos a mínima noção da estrutura jurídica e política da nação. Saímos do colégio sem saber para que serve o juiz, o promotor e o advogado, assim como pouco sabemos acerca do vereador, do deputado, do senador, do prefeito e do governador e até dos reais poderes do presidente. Com uma pequena diferença. No caso destes, de um modo ou de outro, as eleições que vêm ocorrendo a cada dois anos a partir de 1986, acabam nos ensinando qualquer coisa. Quanto aos outros, o medo, a indiferença e até o desprezo e a raiva são os sentimentos naturais, desconfiamos de tudo o que nos é distante e estranho. O irônico é que não podemos nos distanciar da Justiça e permanecer incólumes, assim como os juízes não podem distanciar-se da sociedade sem danos.

A Constituição da República de 1988 garante a todos os brasileiros os direitos à vida, à liberdade, à igualdade, à saúde, à democracia, à opinião, ao voto, à participação, à diferença, ao salário. A Constituição garante que possamos sair às ruas e criticar as políticas públicas e o Poder Judiciário, ou que possamos escrever, debater e nos comunicar, sem sermos importunados. Certamente a maioria dos brasileiros nem sabe o que é a Constituição. Será que é mesmo a Constituição que nos assegura tantos direitos? O certo é que, quando nossos direitos são violados, a Constituição não tem braços nem pernas nem armas para assegurar esses direitos. Os braços da Constituição são o povo, as armas da Constituição são os advogados, os promotores, os juízes.

O problema é que tais direitos e os dele decorrentes são assegurados a todas as pessoas e, muitas vezes, algumas pensam que têm mais e melhores direitos que as outras. O conflito é inevitável. Em qualquer sociedade, é inevitável o conflito entre alguém que acredita ter direitos e outro que acredita que teve seus próprios direitos violados pelo primeiro. Por chocante que possa parecer, em qualquer sociedade também é comum que um percentual maior ou menor dos cidadãos, por um motivo ou por outro, às vezes cínica e descaradamente, simplesmente viole as leis em vigor, muitas vezes sem crise de consciência. Por isso, toda sociedade precisa de um bom sistema de justiça para solucionar os conflitos e restaurar o descumprimento das leis.

Durante milhares de anos, as sociedades procuraram aperfeiçoar os meios para resolução desses conflitos. Primeiro com forte apoio de normas e ameaças de caráter religioso. Aqueles que descumprissem as normas do grupo social seriam amaldiçoados e condenados ao ostracismo enquanto vivos e, depois de mortos, à danação por toda a eternidade. Ou simplesmente, as pessoas, quando se sentiam ofendidas, faziam justiça com as próprias mãos. Olho por olho, dente por dente.

Até que construímos a possibilidade de solução de conflitos por alguém imparcial e independente: o juiz. Um duro caminho até que os juízes apareçam na história da humanidade como possibilidade civilizada de solução de conflitos. E parecemos ter chegado à conclusão de que esse é um meio mais civilizado para a solução dos conflitos do que simplesmente condenar as pessoas ao degredo social, ao fogo eterno ou a guerras de famílias, grupos ou clãs.

Talvez esta forma de solucionar conflitos por alguém independente e imparcial, assegurando que a Constituição e o restante das leis do país sejam cumpridas de modo igual por todos, não seja a ideal, mas, sem nenhuma dúvida, é a melhor forma de solução de conflitos que a civilização ocidental conseguiu conceber e efetivar. Portanto, simplesmente acabar com o Poder Judiciário não resolverá o problema, a não ser que seja substituído por algo muito parecido. Fugir do debate acerca destes temas também não resolve, ao contrário, põe em risco todos os direitos e garantias que a sociedade brasileira vem tentando conquistar a duras penas nos últimos quinhentos anos.

Assim como a democracia e as estruturas políticas brasileiras, o Poder Judiciário ainda palmilha o caminho da eficiência e procura por respostas que possam assegurar ao povo a rápida solução dos conflitos que lhe são apresentados e a garantia de que as normas constitucionais e as demais leis do país serão cumpridas sempre em prol do bem comum e da construção de uma sociedade livre, justa e solidária. Para que atinja esse objetivo, contudo, é preciso que todos os brasileiros participem do debate, opinem, pressionem e tenham um mínimo conhecimento do funcionamento, das venturas e desventuras deste combalido, mas firme e resoluto poder da república.

Abrir a caixa-preta, aqui, significa, portanto, um convite a conhecer um pouco mais a estrutura, a organização, as venturas e desventuras, o funcionamento do Poder Judiciário, com suas mazelas, incongruências e limitações muitas vezes impostas de fora. Significa entender o sistema de Justiça como um todo complexo e articulado, procurando as causas e responsabilizando quem deve ser responsabilizado. Não para que o responsável seja crucificado, apedrejado ou queimado em praça pública, mas para que possamos entender que as soluções dependem de ações coordenadas e, algumas vezes, as soluções são ignoradas ou sabotadas por quem ganha fazendo com que o sistema continue a funcionar como sempre funcionou.

Há algo de muito errado com este velhinho de toga preta, cenho fechado e circunspeto olhar distante, mas talvez boa parte do problema possa ser resolvida pelo modo como as pessoas o enxergam e o entendem. Um novo olhar implicará uma nova postura. O velhinho haverá de sair de sua posição de conforto e brigar por mais eficiência. Gosto de pensar que a polêmica frase do Presidente Lula, antes de ser uma agressão, foi um convite para que o Poder Judiciário abra-se ao olhar e ao entendimento da sociedade brasileira; sem isso, será impossível que, por qualquer reforma, o Judiciário atinja seus objetivos.

Este livro pretende ser um pouco dessa abertura, um convite ao bom combate, o combate em favor da Justiça que é travado todos os dias por dezenas de milhares pessoas que procuram o Poder Judiciário, pelos juízes, promotores, advogados, mas que deve ser travado também por toda a sociedade brasileira.

Chegou a hora de abrirmos a caixa-preta. Estamos todos do mesmo lado, o lado da Justiça.

PARTE II

Por dentro da caixa-preta

O que fazem os Juízes?

"Louvam-se ou criticam-se muitas coisas porque está na moda louvá-las ou criticá-las."

François de La Rochefoucauld

"Eles elogiam o que conhecem e criticam o que ignoram."

Tertuliano

Ninguém sabe ao certo o que os juízes fazem. A julgar pelo estado da Justiça no Brasil, os juízes não fazem nada ou fazem muito pouco. Para entender a caixa-preta é preciso saber o que os juízes fazem e o que deveriam fazer. Se não entendemos isso, podemos esperar injustamente que os juízes façam coisas que eles não têm poder para fazer. Por outro lado, podemos deixar de exigir dos juízes que eles façam algumas coisas que eles estão obrigados e têm poder para fazer. Os juízes são reconhecidos como uma fonte de poder e autoridade, mas que espécie de poder? O que, de fato, os juízes podem e devem fazer? Como fazem? E por que não fazem?

Mesmo as pessoas que tiveram boa educação formal não entendem o que um juiz faz ou como trabalha. Isso não é de impressionar. Pelo menos, não no Brasil. De modo geral, as escolas brasileiras não ensinam sobre Constituição, leis, direitos e deveres. As pessoas têm uma noção muito vaga do que seja um processo ou uma ação judicial e pouco sabem sobre as atribuições de um juiz ou sobre sua importância para um sistema político fundado na democracia. É difícil diferenciar entre juízes e promotores. De igual modo, confunde-se a todo instante as atribuições dos vereadores, deputados e senadores e as dos prefeitos, governadores e presidente da República. A contraparte disso é uma ignorância fundamental acerca da cidadania, um analfabetismo político.

Fico me perguntando como isso pode melhorar em um país onde, segundo o censo de 2010, do IBGE, 20,3% das pessoas são analfabetas funcionais. Número esse que pode estar subestimado. Em 2018, o Instituto Paulo Montenegro divulgou o Indicador de Analfabetismo Funcional — INAF, segundo o qual o analfabetismo funcional atinge 30% dos brasileiros. Entre os brasileiros que têm nível superior, apenas 34% têm nível proficiente de alfabetização, em uma escala que vai do analfabeto, passando pelos níveis rudimentar, elementar, intermediário até proficiente. Assustadores 4% daqueles que têm nível superior têm nível rudimentar e 25% têm apenas nível elementar de alfabetização. Você não leu errado: 29% das pessoas com nível superior no Brasil são alfabetizadas apenas em um nível elementar!

A discrepância de dados ocorre porque, para o IBGE, responsável pelo censo, se a pessoa tiver pelo menos quatro anos completos de escolaridade, já não é analfabeta funcional. Para o Instituto Paulo Montenegro, respeitada instituição que se dedica à pesquisa do tema há pelo menos 14 anos, analfabeto funcional é toda pessoa que "mesmo sabendo ler e escrever um enunciado simples, como um bilhete, por exemplo, ainda não tem as habilidades de leitura, escrita e cálculo necessárias para participar da vida social em suas diversas dimensões: no âmbito comunitário, no universo do trabalho e da política, por exemplo".

A maioria dos alunos forma-se no ensino médio sem ter noção de como são pagos os impostos. Muitos pensam que, se não pagam imposto de renda, não pagam tributos. Não conseguimos enxergar os tributos pagos na passagem de ônibus, nos alimentos, nos medicamentos, no vestuário e em todos os demais itens de consumo. Nem conseguimos, tampouco, saber quanto pagamos de imposto em cada um desses produtos.

A ideia mais aproximada que as pessoas têm do Poder Judiciário talvez seja a dos filmes americanos: um júri, o juiz com um martelo vestindo uma toga preta, os jurados em um canto, os advogados de frente para a bancada alta onde fica o juiz. Alguns pensam nas perucas que ainda compõem o vestuário dos juízes no Reino Unido e em outros países que seguem a tradição britânica. Mas tudo que cerca a figura do juiz é muito vago no imaginário coletivo do brasileiro. Todos esperam que os juízes tenham poder e possam prender, soltar e aplicar a Lei como lhes aprouver, na hora que bem entenderem. A verdade é que, fora de suas atribuições, o juiz é apenas mais um cidadão, sujeito às mesmas leis, além de outras limitações bem específicas. Talvez muitos pensem que a atividade dos juízes é parecida com a dos bancários: eles ficam em algum escritório, postos a suas mesas de trabalho, fazendo alguma coisa, falando com pessoas, talvez dando ordens. Outros pensam que os juízes não trabalham nada ou que trabalham pouco e ganham muito. Afinal, o que fazem os juízes?

A maneira mais simples de responder a essa questão seria dizer que os juízes resolvem conflitos, mas isso ainda é muito vago. As pessoas podem pensar na figura do juiz de futebol. O juiz de futebol marca faltas, pune os atos ilegais cometidos durante as partidas e deve ser imparcial. O ideal é que não favoreça nem a um time nem ao outro, do contrário será impiedosamente xingado, punido pela confederação respectiva ou até ameaçado de morte pelas torcidas. Nisso o juiz de direito e o juiz de futebol são parecidos, mas há uma diferença fundamental entre eles.

O juiz de futebol marca a falta sem que ninguém peça para ele marcar, ele faz isso por vontade própria. Ele marca a falta porque ele viu a falta, nada precisa ser comprovado. A marcação depende apenas dos próprios sentidos e da interpretação do lance feita pelo juiz. No máximo, algumas vezes, ele se vale da ajuda do auxiliar de arbitragem, o bandeirinha.

Os juízes de direito, ao contrário, nunca punem ou aplicam uma lei, nunca marcam falta, por vontade própria. É preciso que alguém peça que outro alguém seja punido, que uma reparação de danos seja feita ou que uma lei seja cumprida de determinada maneira. É preciso que haja uma acusação, uma denúncia de que algum direito foi violado e é preciso que alguém peça a restauração desse direito. Quando uma lei é violada, o juiz não pode atuar sem que alguém peça. O próprio juiz pode pedir que alguém seja punido ou que um direito seu seja restabelecido, mas, nesse caso, pedirá como qualquer cidadão pediria e outro juiz julgará a causa.

A tradição jurídica no mundo todo entende que, se o juiz agisse por vontade própria ele não seria imparcial, não seria capaz de tratar as partes com a mesma igualdade. Está claro que isso seria impraticável no futebol. Imagine que as faltas só fossem marcadas após a reclamação de um dos jogadores, após um pequeno julgamento dentro de campo onde seriam ouvidas as testemunhas, quem sabe após o juiz assistir o replay do lance. Se o processo fosse tão demorado como é na justiça brasileira, os dois tempos do jogo seriam tomados inteiramente pelo julgamento, com risco de terminar a partida sem que o juiz tenha chegado a uma conclusão. Mas, no mundo do direito, o juiz só prende se houver um pedido, uma denúncia de alguém, só condena se houve um pedido, uma reclamação, e se quem fizer o pedido ou a reclamação conseguir provar o que alega. É assim em todos os países do mundo civilizado. A imparcialidade foi uma conquista importante da democracia porque favorece que os juízes sejam neutros e se empenhem em aplicar a Lei com justiça.

Você poderia pensar, meu caro leitor, que seria muito mais fácil se as coisas fossem como no futebol: o juiz via as faltas, daí já marcava e aplicava as penas. Sem julgamento, direto, em cima do lance! Se fosse assim, contudo, seria muito perigoso. Os juízes poderiam abusar do poder e sair marcando faltas mesmo nos lances mais normais, ou poderiam não marcar as faltas mesmo quando elas fossem claramente cometidas. Por isso, os juízes não podem atuar por vontade própria. A tradição jurídica há muito tempo entendeu que isso é necessário para que o juiz atue com imparcialidade sem ser induzido a favorecer, durante o processo, um ou outro ponto de vista. Isso é de fundamental importância para entendermos qual é e como é o trabalho dos juízes.

Normalmente as pessoas fazem esses pedidos ou reclamações por meio de seus advogados, ou por meio dos membros do Ministério Público: os promotores de justiça e os procuradores da república, esses sim são os fiscais da Lei. Se uma lei é descumprida e se há interesse público que essa lei seja cumprida, não um interesse meramente privado, de particulares, então o Ministério Público é responsável por promover a ação e pedir a um juiz que assegure o cumprimento da Lei.

Em apenas poucos casos, quando uma lei é descumprida e o patrimônio de alguém é atingido, a pessoa pode propor uma ação judicial sem a representação de um advogado. Geralmente nos casos mais simples. É assim para que as pessoas não saiam prejudicadas por não ter o suporte técnico adequado.

Se a pessoa faz o pedido sem o auxílio de um advogado corre o risco de pedir errado e impossibilitar a correta aplicação da Lei, além disso, pode sair prejudicada por não conseguir provar adequadamente os fatos necessários para o reconhecimento do direito que ela diz ter. Nos Estados Unidos, ao contrário do Brasil, as pessoas podem atuar em quase todos os processos judiciais sem o auxílio de um advogado. Lá eles entendem que esse é um direito fundamental da pessoa. Mas, mesmo lá, essa prática é altamente não recomendada porque aqueles que vão à corte sem advogados travam a disputa judicial com imensa desvantagem.

O trabalho do juiz consiste basicamente em receber e processar esses pedidos. Cada pedido feito por uma pessoa, ou o conjunto de pedidos feitos por uma ou diversas pessoas na mesma oportunidade dá origem ao que chamamos de processos judiciais. Pedidos para que as leis sejam cumpridas dessa ou daquela maneira, pedidos para que os direitos sejam assegurados e respeitados, pedidos para que indenizações sejam pagas, pedidos para que os criminosos sejam condenados e presos, pedidos de separação judicial e divórcio, pedidos para ficar ou manter a guarda dos filhos, pedidos para dividir os bens das pessoas falecidas, pedidos para que a propriedade de alguém seja desapropriada e passe a ser de propriedade do Estado. Cada pedido dá origem a um processo e tudo que é feito nesse processo vai sendo documentado e registrado em folhas de papel que ficam todas juntas em uma pasta. Esse conjunto de folhas ganha um número para que possa ser registrado e rastreado e também é conhecido pelo mesmo nome: processo.

A tecnologia está trazendo muitas inovações aos processos. Em muitos casos, não há mais folhas, pelo menos não fisicamente. No chamado processo eletrônico, esse conjunto de folhas, na verdade, é digitalizado e fica guardado nos computadores e servidores do Poder Judiciário, não existe mais materialmente, existe apenas virtualmente ou eletronicamente.

Quando você, atento leitor, fizer um pedido a um juiz, o seu pedido será cadastrado e ganhará um número. Esse é o número do seu processo, da sua pequena luta, às vezes inglória, quase sempre demorada e infausta luta pela defesa dos seus direitos. Então você terá um processo que poderá chamar de seu e poderá contribuir para a adequada aplicação do Direito e para a concretização da Justiça.

Rudolf von Jhering foi um famoso jurista austríaco da segunda metade do séc. XIX, nascido em 1818. Foi professor de Direito Romano na renomada Universidade de Viena. Em 1872, do alto dos seus cinquenta e quatro anos — é bom dizer que a expectativa de vida na Alemanha por essa época era de apenas 37 anos —, Jhering proferiu uma palestra em Viena, sob o título *A Luta pelo Direito.* A palestra foi convertida em um livro com o mesmo nome e teve um sucesso extraordinário. Em apenas dois anos a obra teve 12 edições e foi traduzida em 26 idiomas. Um feito. Uma das mensagens que Jhering quis passar com a referida obra pode ser sinteticamente resumida no seguinte trecho: "o direito não é uma pura teoria, mas uma força viva. Todos os direitos da humanidade foram conseguidos na luta. O direito é um trabalho incessante, não somente dos poderes públicos, mas da nação inteira".

A mensagem de Jhering ainda é bastante atual. Os direitos são respeitados e a justiça aos poucos alcançada quando as pessoas lutam por seus direitos não deixando que eles sejam dilapidados, pisoteados ou minimamente ofendidos. O campo da batalha é o Poder Judiciário. Os juízes serão os garantidores de que o direito violado será restaurado, mas é impossível que o juiz exerça esse papel sem que cada pessoa proteja e lute por seus direitos. Cada pessoa que tiver seu direito violado, precisará pedir ao Judiciário que esse direito seja reparado. Os juízes não podem garantir direitos se as pessoas não lutarem por eles.

Voltemos ao ponto. Recebidos esses pedidos e cadastrados os processos, os juízes e servidores do Judiciário estarão envolvidos em conduzir os próximos passos, como manda a Lei, até que o pedido possa ser julgado e o juiz sentencie se a pessoa tem ou não tem direito ao que foi pedido. Isso envolve chamar a pessoa ou as pessoas contra quem o pedido foi feito para que ela ou elas venham se defender, apresentando sua defesa e as provas que julgar necessárias. Depois, será marcada um dia para que as testemunhas de cada uma das partes envolvidas sejam ouvidas. Novamente as pessoas envolvidas serão comunicadas de tudo pelo Poder Judiciário. Enfim, os juízes e servidores do Poder Judiciário devem conduzir todos os procedimentos para que todas as provas a favor e contrárias, além de todos os argumentos e contra-argumentos ao atendimento do pedido possam ser apresentados. É importante dizer que todos esses atos praticados pelo juiz e pelos servidores da Justiça não podem ser feitos de qualquer maneira. Eles têm uma forma própria, mais ou menos rígida, estabelecida em Lei.

O trabalho do juiz, assim como o do advogado, é um trabalho eminentemente técnico, no sentido de que eles aplicam uma técnica ou raciocínio específico para interpretar as leis e defender seus argumentos, mas também é um trabalho criativo, na medida em que a interpretação das leis nunca é exatamente igual e argumentos novos em casos aparentemente semelhantes estão sempre surgindo a cada novo pedido que é feito ao judiciário. Sendo assim, boa parte do trabalho dos juízes e dos advogados consiste em estudar os casos que estão sob julgamento, estudar as leis e as modificações legislativas e estudar os julgamentos anteriores dos órgãos judiciais superiores em casos semelhantes, a fim de enriquecer e aprimorar seus próprios argumentos.

Mas há uma grande parte do trabalho do juiz que é eminentemente gerencial, já que normalmente ele coordena um grupo de pessoas que o auxiliam no processamento desses pedidos. Esse grupo de pessoas prepara os despachos que determinam as comunicações, agenda datas para a ouvida das testemunham, recebem e arquivam os pedidos e as demais provas, comunicam as decisões e as sentenças judiciais etc. A equipe do juiz poder ser de apenas uma ou duas pessoas, mas pode chegar até vinte pessoas, dependendo de quão bem estruturado e organizado está o respectivo tribunal. A parte gerencial é de fundamental importância no trabalho do juiz e, não raro, é menosprezada. São necessárias reuniões periódicas para estabelecimento de metas e estratégias gerenciais a fim de alcançar objetivos que conduzam ao julgamento do maior número de processos em menor tempo, de modo a aumentar a produtividade.

Outra parte importante do tempo de trabalho do juiz é dedicada ao atendimento dos advogados e demais pessoas interessadas no julgamento dos pedidos e na realização dos próprios atos judiciais, como ouvir as testemunhas, realizar conciliações, participar de sessões de julgamento juntamente com outros juízes, nos casos em que a Lei estabelece a necessidade de julgamento colegiado, ou seja, por um grupo de três ou mais juízes.

A jornada diária de trabalho de um juiz envolve reuniões com as pessoas que trabalham na unidade jurisdicional, audiências com advogados para tratar de processos, audiências para ouvir testemunhas e um razoável período de tempo para escrever as sentenças e outras decisões relativas aos processos que estão a seu cargo. Além disso, o juiz dedica razoável espaço de tempo para estudar os casos novos ou mais complexos, para se atualizar com relação às últimas alterações legislativas ou com relação às últimas teses jurídicas, o que sempre envolve muita leitura e estudo. Essa parte normalmente é feita em casa, em horários além do expediente normal do fórum ou nos finais de semana, que é quando se tem maior tempo e tranquilidade para estudar os casos e refletir mais detalhadamente sobre as teses jurídicas.

As pessoas têm muita curiosidade em saber se os juízes batem ponto e qual sua jornada semanal de trabalho. A maioria dos fóruns do Brasil tem expediente de 10 horas diárias em todos os dias da semana. Embora devam estar à disposição dos advogados e das partes durante o expediente forense com assiduidade, é praticamente impossível que a jornada de trabalho do juiz se limite ao expediente forense. O juiz não pode, ao terminar o expediente, fechar a gaveta e dizer que não fará mais nada naquele dia. Não pode deixar de ler os e-mails mais urgentes ou as mensagens de WhatsApp que lhe enviam seus assessores diretos.

Há sempre os pedidos urgentes, como pedidos para internação de leitos em UTI, pedidos para concessão de medicamentos, pedidos para cobertura por plano de saúde, pedidos de liberdade provisória ou de prisão preventiva, prisões em flagrantes que precisam ser analisadas, pedidos de reintegração de posse que continuam a ser cumpridos mesmo após o expediente regular e que podem ter desdobramentos graves, sendo necessária a intervenção do juiz à noite ou durante o final de semana. Os julgamentos pelo tribunal do júri quase nunca obedecem aos expedientes forenses e, muitas vezes, estendem-se noite e madrugada adentro. Muitas vezes o juiz não pode sair do fórum, mesmo depois do expediente, sem terminar de se preparar para ouvir as testemunhas de um processo complexo no dia seguinte. E há sempre as metas, cada vez mais comuns, cada vez mais arrojadas, que devem ser cumpridas.

Quanto a suas obrigações e aos seus deveres, o juiz não deixa de ser juiz quando termina o expediente forense. Aliás, a vida do juiz para além do exercício da profissão é bastante limitada pela Lei. Essas limitações têm por fim assegurar que os juízes dediquem o máximo de suas energias ao exercício da atividade jurisdicional, bem como para evitar que os juízes, por exercerem um outro cargo ou profissão, tenham sua imparcialidade arranhada. Sendo assim, os juízes não podem exercer outro cargo, a não ser de professor e desde que exista compatibilidade de horários, ou seja, desde que não prejudique sua atividade primeira e principal. Os juízes também não podem exercer atividade político-partidária nem podem participar de sociedades comerciais como sócio gerente.

Além disso, é necessária uma metódica rotina de estudos. É necessário que o juiz dedique um razoável tempo de sua semana normal de trabalho ao estudo dos casos novos e complexos que lhe são submetidos. É preciso estar sempre atualizado com as leis recentemente publicadas e com as últimas alterações nas leis já existentes, pelo menos no que diz com o seu campo de trabalho mais imediato. Além disso, o juiz deve estar atualizado com relação aos argumentos e teses jurídicas apresentadas nos julgamentos dos tribunais superiores. Como muitas vezes esses julgamentos devem ser seguidos pelas instâncias inferiores, os juízes precisam saber o que foi decidido e com base em quais argumentos jurídicos. Na maioria das vezes, isso demanda considerável tempo de concentração e estudo. Normalmente, não se consegue fazer esses estudos durante o horário normal de expediente, é preciso levar trabalho para casa, o que toma um pouco de tempo nos finais de semana e até nos períodos de férias.

Ainda assim, os juízes não recebem horas-extras. Nem mesmo quando estão de plantão. Em todas as unidades judiciárias, há plantões para a apreciação de casos urgentes. Nada obstante, muitas pessoas, talvez por desconhecimento, talvez por sadismo, defendem o fim das férias de sessenta dias dos juízes. Curiosamente, os reformadores não propõem nenhuma compensação razoável, como por exemplo, limitação da jornada de trabalho e pagamento de horas-extras, como faz jus todo trabalhador brasileiro. Talvez porque essas pessoas acreditam que os juízes, de um jeito ou de outro, trabalham pouco mesmo e não merecem qualquer benefício a não ser as galés. Os números e as estatísticas oficiais, entretanto, dizem o contrário. O juiz brasileiro é um dos mais produtivos do mundo.

Há quem diga que os juízes não trabalham, quem trabalha são os assessores dos juízes, os servidores do Poder Judiciário e até os estagiários. Os juízes ficariam de boa. Ninguém conseguiria julgar 1.819 processos por ano – esse é o número médio de processos baixados por juiz no Brasil em 2017, um dos maiores do mundo, segundo o relatório Justiça em Números 2018 – além de proferir outras decisões, atender advogados, ouvir testemunhas, estudar e se atualizar com os entendimentos das Cortes Superiores sozinho. Assessores e servidores qualificados são de fundamental importância. Sem um corpo técnico preparado, o Poder Judiciário não teria condições de cumprir sua missão. Mas dizer que os assessores julgam é um tremendo exagero. Essa afirmação só pode ser aceita por quem não conhece minimamente qualquer organização gerencial moderna.

Na verdade, os juízes têm imenso trabalho em treinar e qualificar seus servidores e assessores mais diretos. Toda organização moderna, aliás, funciona com trabalho em equipe e com maior ou menor grau de delegação de tarefas. É assim na Suprema Corte norte-americana e nos grandes centros de pesquisa, sejam as pesquisas relacionadas a ciências humanas ou exatas. É assim no Google, na Microsoft e na Apple. Os juízes são os responsáveis pelos resultados de sua unidade jurisdicional, sejam eles bons ou ruins. Os juízes são os responsáveis pelo sucesso ou fracasso no cumprimento das metas estabelecidas pelos seus tribunais e pelo Conselho Nacional de Justiça – CNJ. Os juízes definem as teses jurídicas que fundamentarão suas sentenças, orientam e são auxiliados pelos seus assessores na elaboração dos argumentos que serão utilizados em suas decisões. Mas, cada processo é analisado e conferido individualmente, ainda quando os argumentos jurídicos utilizados são os mesmos.

Sobre o sexo dos anjos e os milagres que eles podem operar

> "Os fatos não deixam de existir só porque são ignorados."
>
> *Aldous Huxley*

Até a criação do Conselho Nacional de Justiça – CNJ, praticamente não havia dados consolidados sobre o Poder Judiciário. Os dados, quando existiam, eram produzidos por cada tribunal e não visavam à formação de uma política nacional para o Judiciário. A partir de 2005, esses dados foram sendo compilados de modo cada vez mais detalhado e preciso, o que nos permite um bom diagnóstico da gestão do Poder Judiciário, pelo menos no que diz respeito aos grandes números e principais indicadores.

Segundo o Relatório Justiça em Números 2018, produzido pelo Conselho Nacional de Justiça a partir dos dados do ano anterior, o Poder Judiciário brasileiro finalizou o ano de 2017 com 80,1 milhões de processo em tramitação, ou seja, existem 80,1 milhões de pedidos que foram feitos e ainda não tiveram uma resposta definitiva da justiça. Em 2014, eram 70,8 milhões processos pendentes de julgamento em todas as instâncias do Poder Judiciário brasileiro. Somente em 2017, os juízes receberam 29,1 milhões de casos novos. Como o Brasil tem 18.168 juízes em todas as instâncias e graus de jurisdição, cada juiz recebeu, em média, 1.602 processos novos apenas em 2017. É uma quantidade bastante considerável de trabalho. Segundo dados de 2012, os juízes italianos recebem cerca de 667 processos novos por anos; os espanhóis, 673; e os portugueses, 379. A quantidade de juízes no Brasil também é pequena. Enquanto a Itália tem 10,2 por cada 100 mil habitantes, a Espanha tem 10,7 juízes por cada 100 mil habitantes e Portugal, 19 juízes por cada 100 mil habitantes. O Brasil tem apenas cerca de 8 juízes para cada 100 mil habitantes.

Segundo números de estudo comparado produzido pelo Conselho Nacional de Justiça em 2011, os juízes brasileiros estão entre os mais produtivos do mundo. Segundo o relatório do CNJ, cada um dos cerca de 16 mil juízes brasileiros em atuação por ocasião do estudo julgava, em média, 1.616 (mil, seiscentos e dezesseis) processos por ano, contra a média de 959 (novecentas e cinquenta e nove) sentenças dos juízes italianos; 689 (seiscentos e oitenta e nove), dos juízes espanhóis; e 397 (trezentas e noventa e sete), dos portugueses. Estes números mostram claramente que os juízes brasileiros não trabalham pouco. Ao contrário, talvez estejam com uma carga de trabalho excessiva.

Os números também mostram que o nosso sistema de Justiça é uma grande fábrica de produzir conflitos. De um lado, todos os anos chegam ao Poder Judiciário milhões de novos pedidos. São cerca de um novo pedido para cada grupo de 7 (sete) brasileiros. De cada 7 (sete) brasileiros, pelo menos um apresenta uma ação à Justiça a cada ano. É um número absurdo. Do outro lado, os processos que entram não conseguem sair, demoram anos e anos até serem finalizados. Os números são inequívocos.

A existência de conflitos judiciais indica que a Lei é descumprida. Quanto mais conflitos judiciais, mais a Lei está sendo descumprida. As cerca de 31 milhões de sentenças e decisões proferidas no ano de 2017 não são capazes de atuar pedagogicamente, impedindo que demandas semelhantes cheguem ao Judiciário. O número de casos novos, assim como o número de casos pendentes de julgamento cresce ano a ano. Em 2009, a Justiça brasileira recebeu 25,3 milhões de casos novos; em 2017, recebeu 29,1 milhões. Um aumento de 15,02% em 7 anos. Já o número de casos pendentes subiu de 59,1 milhões para 80,1 milhões, um aumento de 35,53%.

De modo geral, podemos concluir que as pessoas e empresas que descumprem a Lei não têm medo de serem levadas à Justiça. O nosso sistema de Justiça não consegue atuar preventivamente. Quando falo em sistema de Justiça, estou me referindo ao sistema de Justiça em sentido amplo, que abrange (a) os órgãos responsáveis por fazer as leis (Poder Legislativo) e regulamentá-las (Poder Executivo); (b) os órgãos de fiscalização e controle, como os fiscais, auditores e as polícias, responsáveis pela aplicação da Lei, que se concentram basicamente na estrutura do Poder Executivo; (c) e o próprio Poder Judiciário. Não podemos imaginar que a falha está apenas no Poder Judiciário, que não consegue processar todas as ações em tempo razoável. Em uma sociedade inclinada ao litígio, onde o descumprimento da Lei não provoca qualquer temor, receio ou qualquer outro incômodo, mesmo que metade da população se dedicasse a gerenciar e solucionar os conflitos da outra metade, ainda assim não teríamos um Poder Judiciário minimamente eficiente.

Os números claramente demonstram que o problema ultrapassa uma única esfera. A efetividade do sistema de Justiça deve ser analisada desde a justiça da Lei. As leis justas alcançam maior e mais espontânea adesão social. Quando percebem que a Lei cria distinções injustificáveis, as pessoas criam maneiras de fugir à sua aplicação. Quando percebem que, mesmo ao fugir da aplicação da Lei, não são devidamente punidas, de modo que é mais benéfico não cumprir a Lei, as pessoas reforçam o comportamento de escapar à aplicação da Lei. É então que entra em cena a justiça na aplicação da Lei.

A justiça na aplicação da Lei pelos órgãos de fiscalização e controle evita que as leis sejam reiteradamente descumpridas, evitando, consequentemente, novos conflitos. Quando os órgãos de fiscalização e controle funcionam de modo eficiente, aplicando a Lei de modo igual para todas as pessoas, e quando as consequências pelo descumprimento da Lei são capazes de fazer as pessoas pensarem duas vezes antes de descumpri-la, diminui o número de pessoas dispostas a descumprir a Lei e, consequentemente, diminui o número de conflitos e o número de processos.

O Poder Judiciário precisa, a seu turno, atuar de modo rápido e eficiente quando os órgãos e mecanismos de fiscalização e controle forem insuficientes para garantir o cumprimento da Lei ou quando esses órgãos atuarem de modo abusivo, descumprindo, eles mesmos, a Lei que deveriam garantir e ofendendo o direito das pessoas. Essas três esferas de atuação precisam estar sincronizadas com o ideal de Justiça que é compartido pela sociedade. Devem trabalhar com o mínimo de harmonia. Quando isso não acontece, os conflitos tendem a aumentar desmedidamente. Resumindo:

1. A lei precisa ser justa, tratando de modo igual pessoas em situações iguais;
2. Se a lei for descumprida, os órgãos de fiscalização e controle devem atuar punindo quem descumpriu a lei, desestimulando que outras pessoas venham a descumpri-la;
3. Se os órgãos de fiscalização e controle falharem, a atuação do Poder Judiciário deve ser efetiva, assegurando que a lei seja cumprida e as pessoas devidamente punidas pelo descumprimento.

Na verdade não há uma crise do Poder Judiciário que possa ser solucionada sem se considerar as outras duas esferas, uma de produção legislativa e a outra de aplicação da Lei antes do conflito chegar ao Judiciário. O sistema de Justiça tem que ser analisado e ajustado como partes integrantes de um mesmo relógio.

Além disso, a ineficiência do sistema de Justiça envolve valores profundamente arraigados na nossa cultura e um grande medo de desbravarmos caminhos novos, caminhos mais práticos e efetivos. Estamos ainda muito apegados a fórmulas vazias e poucas vezes levamos em conta os estímulos e condicionamentos que as leis efetivamente produzem nos indivíduos ou a maneira como a Lei e as possíveis sanções ao seu descumprimento afeta o comportamento das pessoas.

Muitas vezes, juristas e acadêmicos põem-se a discutir o sexo dos anjos. O Direito resume-se à teoria e ideias abstratas. Fazemos um mapa, estudamos o mapa, interpretamos o mapa, discutimos o mapa, mas ninguém quer saber se o mapa está de acordo com a realidade. Imaginamos os anjos, idealizamos os anjos, discutimos se os anjos têm sexo, qual seria o sexo dos anjos, se eles reproduzem, se morrem, mas ninguém se dá conta de que, na vida real, não existem anjos. Ou, se eles existem, o sexo dos anjos não tem muita importância no modo como organizamos a sociedade.

Os professores se esquecem de ligar as teorias à realidade. O Direito deixa de ser utilizado como instrumento de organização da sociedade e solução eficaz de conflitos e passa a ser visto como um fim em si mesmo. Não se pergunta qual o impacto que essa ou aquela teoria terá na vida social, nos negócios, no crescimento da economia, no cumprimento da lei, no estímulo ou desestímulo ao surgimento de novos conflitos.

Já os legisladores utilizam as leis como mágica, como se, pelo simples fato de estar escrito em uma lei que é proibido vender bebidas a menores de 18 anos, a venda cessasse por completo como que por encanto, sem que fosse necessário um aparato de fiscalização e punição para que a lei seja adequadamente cumprida. Os legisladores atuam como se as leis fossem ordens para que os anjos as cumprissem por meio de milagres, sem que os homens tenham que se preocupar com os recursos disponíveis e as ações necessárias para que sejam cumpridas.

A toda hora exemplos e mais exemplos desse modo de pensar nos desconcertam. César é um microempresário do setor de pescados. Ele tem um pequeno box na Av. Beira-Mar, em Fortaleza, onde vende peixes e outros mariscos. Outro dia ele me contou, com uma indignação contida, que a Câmara Municipal de Fortaleza aprovou uma lei que obriga a todas as agências bancárias a concederem atendimento prioritário aos idosos. Essa lei já existia no âmbito federal. A lei federal determinava que as agências bancárias disponibilizassem caixas para o atendimento prioritário. A lei municipal, contudo, foi além. Determinou que o atendimento prioritário deve ser realizado em todos os caixas. Sempre que houver um idoso a ser atendido, deverá ser atendido com prioridade sobre todos os demais clientes em todo e qualquer caixa da agência. Com prioridade mesmo sobre aqueles que estão esperando a uma, duas ou três horas.

César contava que, da última vez que foi ao banco, esperou mais de 3 horas para ser atendido em virtude dessa lei. Recebeu a senha de atendimento por volta das 13h, mas só foi efetivamente atendido por volta das 17h, quando não havia mais nenhum idoso na agência. Como a operação que iria realizar no banco só poderia ser feita até às 16h30, quando foi atendido explicaram-lhe que sua espera havia sido em vão.

Ele perguntou, então, como poderia proceder à operação, já que todos os dias haveria idosos que seriam atendidos com prioridade sobre qualquer outro na fila, não importando o tempo de espera. A caixa, pressionada e um tanto quanto constrangida, sussurrou-lhe que, em casos assim, procurasse o gerente, que ele levaria o pagamento diretamente ao caixa interno. O jeito era furar a fila.

Perceba, incrédulo leitor, que o legislador municipal determinou aos anjos que fosse feito um verdadeiro milagre, qual seja, que todos os idosos sejam atendidos prioritariamente, com o mínimo de incômodo, preservando-se o funcionamento normal da agência bancária. Os juristas, quando discutem uma lei como essa, questionam se ela é justa ou injusta, se o tratamento desigual que a lei estabeleceu em favor dos idosos é, de fato, justificável ou se o município de Fortaleza poderia sobrepor-se à legislação federal. Perceba que, para eles, é de fundamental importância saber se o anjo ou os anjos que farão o milagre são machos ou fêmeas. Desgraçadamente, ninguém pergunta quais recursos (materiais e humanos) são necessários para a aplicação da lei e quais recursos (materiais e humanos) estão disponíveis para a aplicação da lei.

Ninguém discorda que os idosos merecem um tratamento diferenciado e mais confortável. A questão é: até que ponto o tratamento diferenciado é justo? É óbvio também que não pretendo defender que, se os bancos não têm recursos disponíveis para a aplicação da lei, a lei não deve ser aplicada. Não. O objetivo da lei é alterar comportamentos e fazer com que recursos não disponíveis sejam disponibilizados. A questão é: é razoável exigir esses recursos? Qual o custo da medida? E que comportamentos a lei estimulará? Quais inibirá?

Como os bancos não conseguem cumprir a lei e as pessoas passam horas e horas esperando para realizar uma simples operação, o maior estímulo será ao descumprimento da lei. Alguns clientes investirão em contatos internos que poderão lhes assegurar um tratamento mais benéfico. Oferecerão pequenos agrados, sorrisos afáveis, presentes simpáticos para que sejam atendidos mais rapidamente. E a lei, bem... a lei não será cumprida ou, pelo menos, não será completamente cumprida, o que gerará conflitos que chegarão, mais dia, menos dia, em maior ou menor número, nas mesas dos juízes. Um idoso, por exemplo, entrará com uma ação de indenização por dano moral porque não foi imediatamente atendido, enquanto o próprio César poderia fazer um pedido de indenização porque sua transação não foi realizada naquele dia.

O (grave) problema gerencial

"Gerenciamento é substituir músculos por pensamentos, folclore e superstição por conhecimento, e força por cooperação."

Peter Drucker

No Brasil, todos os serviços públicos funcionam de modo deficiente. Temos ilhas de excelência, é verdade, mas, de regra, os serviços públicos não funcionam nem ao menos razoavelmente. Talvez o maior exemplo disso seja a saúde. Há filas em quase todos os hospitais e postos de saúde, faltam leitos, é difícil conseguir medicamentos, os médicos são mal remunerados e acabam se obrigando a fazer dupla ou tripla jornada. Esse problema persiste por anos a fio.

Na educação não é diferente. Conseguimos colocar um grande número de crianças e jovens na escola na última década, mas só. As instalações são inadequadas, os professores são poucos, mal remunerados e desestimulados, os recursos da educação frequentemente são desviados. A qualidade do ensino é péssima. Na avaliação do Programa Internacional de Avaliação de Estudantes – PISA, da Organização para a Cooperação e Desenvolvimento Econômico – OCDE, realizada em 2015, onde são avaliados jovens de 15 anos em três habilidades: leitura, matemática e ciências, o Brasil ficou em 63º lugar, de um total de 70 economias avaliadas. Resultado pífio.

A segurança também funciona muito mal. Com o agravante de que a segurança é a primeira razão de ser do Estado. Se não tivesse condições de fornecer outros serviços públicos, o Estado deveria dar ao cidadão pelo menos segurança, a certeza de que não iria ser assaltado na próxima esquina ou dentro da própria casa; afinal, o Estado existe para proteger as pessoas. É o mínimo. Mas os índices de violência entre nós são estrondosos e assustadores.

O judiciário não foge à regra e também não funciona adequadamente. São muitas as causas, algumas de maior influência, outras de menor impacto. É claro que há juízes preguiçosos, corruptos e descomprometidos como há médicos, professores e policiais preguiçosos, corruptos e descomprometidos. Esses juízes devem ser severamente punidos e extirpados do Poder Judiciário. O juiz corrupto merece pena maior e mais severa que qualquer outro corrupto, pois, na maioria das vezes, representa a última esperança de restauração do Direito do cidadão. De todo modo, os números que vimos no capítulo anterior não autorizam a concluir seriamente que o Poder Judiciário não funciona porque os juízes não trabalham, porque trabalham pouco ou porque a maioria deles é corrupta. O problema parece ser outro. É preciso aprofundar a análise e olhar com objetividade.

Uma das principais causas pelas quais o Poder Judiciário não funciona adequadamente é comum aos demais serviços públicos: saúde, a educação e a segurança. É o problema da gestão. Gestão é a capacidade de organizar recursos materiais e humanos do modo mais eficiente possível para se atingir um resultado. Além da gestão ineficiente, faltam recursos. Sobretudo recursos humanos, mas também recursos materiais. Faltam servidores efetivos e qualificados, mas também faltam equipamentos como imóveis adequados, computadores e acesso à internet. Essa é a realidade na maioria dos municípios brasileiros por onde os órgãos jurisdicionais estão espalhados. Faltam recursos, falta gestão. Quem deve ser responsabilizado pela deficiência na gestão de cada tribunal? A mesa diretora dos tribunais, presidentes, vice-presidentes e corregedores. E também os desembargadores e juízes, no âmbito de suas unidades jurisdicionais. Quem deve ser responsabilizado pela ausência ou má distribuição de recursos? Na maioria das vezes, os tribunais, mas, algumas vezes, os tribunais são reféns dos demais poderes, Executivo e Legislativo.

É bem verdade que essa realidade é bastante heterogênea, sendo a estrutura do Poder Judiciário pior em alguns estados da federação e melhor em outros, enquanto é, de regra, bem melhor quando se trata do Poder Judiciário da União: a Justiça Federal, a Justiça do Trabalho, a Justiça Eleitoral e a Justiça Militar. A favor dos juízes, pode-se dizer que eles não são preparados para gerir recursos. Os juízes são treinados para julgar controvérsias à luz da Lei brasileira. Quando assumem os cargos, deparam-se com uma série de problemas gerenciais. Deparam-se com falta de computadores, falta de servidores, fóruns em mau estado de funcionamento.

Muitos tribunais e escolas da magistratura têm investido na qualificação gerencial dos seus juízes, mas isso não ainda não é uma política amplamente adotada nem tem se mostrado medida suficiente.

Para que se entenda como a falta de recursos e a falta de gestão afeta o Poder Judiciário é importante entender a estrutura do Poder Judiciário. No Brasil, o Poder Judiciário é composto por muitos tribunais. Cada um deles é responsável pelo julgamento de determinado tipo de causa ou de recurso. Os tribunais compõem-se de órgãos de segundo grau e órgãos de primeiro grau de jurisdição. No segundo grau, os juízes denominam-se desembargadores e, no primeiro grau, juízes mesmo. A nossa tradição lusitana acredita que, como os juízes de segundo grau são mais importantes, pois reformam as decisões dos juízes de primeiro grau, merecem um nome mais pomposo ou difícil. Há ainda os tribunais superiores, como o Superior Tribunal de Justiça, o Tribunal Superior do Trabalho e o Supremo Tribunal Federal. Nesses tribunais, os juízes são chamados de ministros porque são ainda mais importantes e podem reformar a decisão de todos os outros. Cada Estado e o Distrito Federal têm um tribunal, com seus juízes e desembargadores, é a justiça comum estadual. Há cinco Tribunais Regionais Federais, com seus juízes e desembargadores, é a justiça comum federal. Além desses, há os Tribunais Regionais do Trabalho, os Tribunais Regionais Eleitorais e a Justiça Militar. Todos compõem o Poder Judiciário brasileiro. Ao todo são 90 tribunais, com seus juízes, desembargadores e ministros, além do Supremo Tribunal Federal e seus ministros.

Cada um desses tribunais tem autonomia financeira e gerencial. Isso quer dizer que eles escolhem e planejam como gastar o dinheiro e como gerir os recursos. Embora as regras de funcionamento sejam uniformes, porque todos seguem a Lei Orgânica da Magistratura Nacional – LOMAN e as leis processuais federais, até a criação do Conselho Nacional de Justiça – CNJ, todos esses tribunais atuavam sem uma coordenação minimamente eficaz. Não havia metas nacionais, nem qualquer padrão de nivelamento. Desse modo, o desempenho da justiça e a distribuição de recursos materiais e humanos é bastante desigual entre todos os tribunais e entre os órgãos de primeiro e segundo grau. O grande número de tribunais não é um problema em si. Dada a imensa extensão territorial, como a nossa, os Estados Unidos também têm muitas cortes, no entanto, o sistema de justiça norte-americano parece bem mais eficaz. O problema mesmo é unificar a política judiciária, otimizar a distribuição de recursos e nivelar a gestão.

No Brasil, os órgãos judiciários de primeiro grau são chamados varas. Cada vara tem um juiz, às vezes dois, e um corpo de servidores. Cada vara é responsável pelo processamento e julgamento de um determinado número de causas. Esse número varia bastante de cidade para cidade, de Estado para Estado e também de acordo com a natureza das causas, mas podemos afirmar que cada vara responde pelo processamento e julgamento de cerca de 2.000 a 5.000 processos, às vezes bem mais, mas, para fins de média, esse é um bom intervalo. Segundo o relatório Justiça em Números 2018, cada juiz de primeiro grau tinha a seu cargo, em 2017, 6.736 processos, mas há varas de execução fiscal, por exemplo, que são responsáveis pelo processamento de 20 a 30 mil processos.

Para processar de julgar de 2.000 a 5.000 processos em um tempo hábil, o juiz precisa ser auxiliado por um corpo de servidores preparado. O ideal seria que cada vara tivesse entre 10 a 20 servidores entre oficiais de justiça, assessores, analistas. Essas pessoas atuam sob a direção do juiz e auxiliam o juiz no impulsionamento dos feitos e no cumprimento das ordens judiciais. O problema é que, em muitas unidades jurisdicionais, em muitas varas, o juiz tem apenas dois ou três auxiliares, normalmente cedidos das prefeituras e sem a adequada capacitação técnica. Nesses casos podemos dizer que o juiz tem somente ele e as próprias unhas para fazer tudo. O resultado é que os juízes trabalham à exaustão, mas os processos não andam. Os juízes só conseguem dar conta dos pedidos urgentes, como prisões, liminares para fornecimento de medicamentos etc. Todo o resto fica se acumulando nas prateleiras. Além de servidores qualificados, muitas vezes faltam também equipamentos, como instalações adequadas, computadores modernos e até acesso à internet.

É muito comum que as unidades jurisdicionais nas pequenas e médias cidades do interior funcionem com estagiários e servidores cedidos pelas prefeituras e em número insuficiente, o que é um verdadeiro problema. Em casos que envolvem investigação de prefeitos e outras autoridades municipais e estaduais por desvios de recursos públicos, por exemplo, o trabalho fica comprometido. Até que ponto servidores que são cedidos e pagos pelas prefeituras são isentos, nesses casos? Além disso, normalmente esses servidores não têm preparo adequado para auxiliar os juízes em suas tarefas. Não têm capacitação, não se submeteram a um concurso público. Na maioria das vezes, são treinados pelos próprios juízes, mas, mesmo assim, não conseguem atingir um bom nível técnico.

A fim de combater o problema, a Resolução 88, do Conselho Nacional de Justiça, editada em setembro de 2009, estabeleceu que no máximo 20% do número total de cargos de cada tribunal pode ser ocupado por servidores cedidos de outros órgãos. Estabeleceu ainda que, no prazo máximo de 4 anos, os servidores requisitados ou cedidos devem ser substituídos por servidores do próprio Poder Judiciário. Uma das justificativas para a medida foi *"o funcionamento atual de vários órgãos de primeira instância do Poder Judiciário basicamente na dependência de servidores requisitados de Prefeituras e diferentes órgãos estaduais e federais"*.

Referida resolução foi editada há quase 10 anos, mesmo assim a situação não mudou muito. Os poderes do Conselho Nacional de Justiça – CNJ para fazer valer suas decisões são limitados, sobretudo quando a implementação depende da aprovação dos outros Poderes. A criação de cargos nos judiciários estaduais depende de lei aprovada pelas Assembleias Legislativas. Em muitos estados da federação, o Poder Judiciário é fortemente dependente do Poder Executivo. Muito embora a Constituição assegure autonomia financeira e orçamentária ao Judiciário, frequentemente ela é desrespeitada e o chefe do Executivo corta unilateralmente o orçamento do Poder Judiciário, o que impede o cumprimento de metas.

Dentre outros motivos, talvez pese o fato de que o reajuste dos subsídios da magistratura é aprovado pelo Poder Legislativo. Os legisladores têm um forte instrumento de persuasão quando são contrários aos projetos de interesse do Judiciário, ou quando o orçamento é curto. Além disso, o Executivo tem grande ascendência sobre os legisladores e sobre o próprio Poder Judiciário, já que em muitos casos a nomeação de desembargadores ou ministros depende da indicação do presidente da república ou dos governadores de Estado.

Esse sistema de dependências mútuas, conhecido como sistema de freios e contrapesos, tem sido largamente advogado desde o Iluminismo como um eficiente sistema de controle do poder. O Legislativo e o Executivo controlam e limitam o Judiciário. O Legislativo e o Judiciário controlam e limitam o Executivo. E o Executivo e o Judiciário limitam o Legislativo. Quando os três Poderes não respeitam seus limites recíprocos, contudo, a gestão pode ficar prejudicada, impedindo a modernização e reforma de serviços públicos essenciais, como a administração da justiça. O resultado é que, em muitos municípios brasileiros, as unidades jurisdicionais assemelham-se aos hospitais brasileiros: algumas vezes têm médicos, mas faltam enfermeiras, macas, equipamentos etc. Ou as escolas, que têm professores, mas não conseguem transmitir conhecimentos.

O número de servidores em cada órgão do Poder Judiciário dá uma boa ideia da discrepância na distribuição de recursos. Segundo o Relatório Justiça em Números 2015, do CNJ, enquanto há 42,5 servidores da área judiciária para cada juiz nos tribunais superiores, esse número é de 13,8 servidores por juiz no segundo grau e de apenas 12,6, no primeiro grau de jurisdição. Já a carga de trabalho por servidor é quase o dobro no primeiro grau de jurisdição. Há, em média, 518 processos por servidor no primeiro grau e 239 processos por servidor no segundo grau de jurisdição. Quanto mais alta a esfera judicial, maior poder, mais recursos disponíveis. Esses dados não variaram de modo significativo desde então.

A discrepância também é muito acentuada entre os Tribunais de Justiça dos diferentes estados. Segundo o mesmo Relatório Justiça em Números 2014, enquanto o TJ de São Paulo tem 16,71 servidores para cada juiz no primeiro grau; o TJ de Tocantins tem apenas 10,84; o TJ de Sergipe, um dos com melhor desempenho nas metas do CNJ, tem 15,52; o TJ da Bahia tem 10,02 servidores por cada juiz; e o TJ do Ceará tem apenas 7,64 servidores para cada juiz.

A mesma discrepância se verifica em termos de orçamento. Enquanto o TJ de São Paulo dispõe de um orçamento de R$ 1.387,30 para cada caso novo, o TJ do Tocantins dispõe de R$ 2.435,37 para cada caso novo; o TJ de Sergipe, de R$ 1.464,19; o TJ da Bahia dispõe de R$ 2.169,86 para cada caso novo; e o TJ do Ceará dispõe de R$ 2.520,86. Falta uniformização de recursos. Falta pessoal qualificado. Falta uniformização de práticas que importem ganhos de eficiência. Nesse ponto, o CNJ tem exercido um papel importante ao estimular novas práticas e estabelecer metas de eficiência. Contudo, o alcance de tais medidas ainda é limitado e os resultados, lentos.

Seria de grande importância que a imprensa e a academia dessem maior importância a esses números, dedicando-se a uma análise mais aprofundada e consequencialista dos indicadores. Normalmente, como a análise é rasa e não há uma verdadeira prestação de contas, nos termos de quem é responsável pelo quê, a crítica resume-se a falar-se de modo geral em "crise do Poder Judiciário", sem que as pessoas certas sejam cobradas pelas razões certas. Na maioria das vezes, todos os juízes são cobrados porque seriam lentos e preguiçosos. Por outro lado, não se pode negar que, muitas vezes, as pessoas que poderiam fiscalizar melhor a eficiência do Poder Judiciário, na verdade, não são atingidas por sua ineficiência.

A Ordem dos Advogados do Brasil tem feito um trabalho importante nesse ponto, mas seria ingênuo não levar em conta que muitos advogados continuam ganhando bons honorários mesmo com a lentidão do Poder Judiciário ou justamente por isso. A lei precisaria criar mecanismos que incentivassem a celeridade processual. Além de fixar metas para os juízes, seria importante criar estímulos para as partes e os advogados contribuírem efetivamente para a rápida solução das causas. Um mecanismo importante seria, por exemplo, aumentar o custo do processo nos casos de abuso do direito de defesa, como será detalhado mais à frente. Se não houver colaboração dos advogados, ainda que o juiz se esforce, o julgamento jamais será célere o suficiente. O processo é sempre o resultado da atuação do juiz e dos advogados.

É importante lembrar que a demora na resolução do processo normalmente favorece pelo menos uma das pessoas envolvidas no litígio: aquele que está sendo acusado, ou cobrado, aquele que descumpriu a lei e deve prestar contas. Na Lei brasileira não há mecanismos efetivos que impeçam que as pessoas se beneficiem da lentidão da Justiça. Sendo assim, muitos colaboram, ainda que inconscientemente, para que tudo permaneça como está.

É importante dizer que o Judiciário tem ilhas de excelência. O Poder Judiciário da União, por exemplo, que engloba a Justiça Federal, a Justiça do Trabalho, a Justiça Eleitoral e a Justiça Militar, todas mantidas pela União, tem boa estrutura e, há muito tempo, dispõe de um corpo de servidores qualificados que ingressam por concurso público. Mas mesmo nesses casos, os cidadãos, de modo geral, não estão satisfeitos com a prestação jurisdicional.

Há outros fatores, talvez ainda mais impactantes, que fazem com que a Justiça não funcione adequadamente. Se você me der a oportunidade, interessado leitor, posso expô-los nas páginas que seguem, com todo cuidado para não ofender os espíritos mais sensíveis.

Como se faz um juiz?

"A virtude está toda no esforço"

Anatole France

Quanto voltei da prova oral já estava há mais de 24 horas sem dormir. Não conseguiria dormir até tarde da noite daquele dia. O resultado sairia dali a pouco. Eu ainda comemoraria a aprovação com os outros 18 candidatos aprovados, assim como lamentaríamos pelos que ficaram pelo caminho. Celebraríamos o final de um longo percurso que havia demorado quase dois anos e nos tornou amigos. Dos quase 4 mil candidatos inicialmente inscritos foram aprovados 19. Primeiro uma prova objetiva, com questões de múltipla escolha, que cobria uma vastidão de matérias jurídicas. Depois as provas dissertativas, onde se pede que escrevamos sobre alguns assuntos jurídicos, apresentando argumentos e a posição dos tribunais. As provas de sentença, onde se pede ao candidato para elaborar uma sentença sobre um caso concreto. Um curso de formação, com aulas teóricas e práticas e mais uma prova.

Finalmente, a culminância do concurso com a prova oral. O ponto é sorteado 24 horas antes da prova. Na verdade, o ponto são vários pontos, pois contém um ponto de cada uma das disciplinas cobradas no concurso. Passamos quase um dia inteiro tentando relembrar, compilar e associar o maior número de informações sobre os temas sorteados. Leis, argumentos jurídicos, raciocínios, notas de rodapé. Ninguém consegue dormir até a prova, quando cinco examinadores fazem perguntas sobre as diversas matérias contidas no ponto.

Há lendas e piadas sobre a prova oral. Um querido professor e amigo, desembargador federal experiente, certa vez me contou uma das melhores que conheço. Ele participava de uma banca de prova oral. O candidato sentado em frente aos cinco examinadores estava indo muito bem, apresentava enorme desenvoltura. Quando chegou sua vez de examinar, ele sapecou uma pergunta envolvendo um caso jurídico complexo, tema do momento. O Presidente da banca cochichou no seu ouvido:

— Essa tá muito difícil, nem eu sei! Você não exagerou?

Ele cochichou de volta:

— Eu também não sei... tenho um caso para decidir sobre esse assunto, quero ver se ele me dá alguma pista.

O sistema brasileiro de recrutamento de juízes é elogiado em todo o mundo. Nós temos o que se chama de Poder Judiciário profissional. Os juízes não atuam de modo temporário, não são eleitos, não recebem custas ou emolumentos, não são escolhidos pelas partes. Os juízes ingressam na carreira por meio de concurso público, são pagos pelo Estado e dedicam suas vidas inteiras à magistratura. Estão sujeitos a limitações maiores que aquelas que afetam a maioria das outras profissões. Os juízes, por exemplo, não podem exercer atividade político-partidária, não podem exercer outro cargo público, a não ser um de professor, e não podem participar de gerência de sociedades comerciais. Além disso, os juízes têm garantias. Os juízes não podem perder o cargo a não ser por decisão judicial definitiva, ou seja, de que não caiba mais recurso. Os juízes não podem ser removidos contra sua vontade, a não ser quando haja relevante interesse público. E a remuneração dos juízes não pode ser diminuída. Tanto as limitações como as garantias visam permitir que os juízes atuem com independência e imparcialidade.

Imagine que um juiz esteja julgando o caso de alguém poderoso. Essa pessoa pode tentar pressioná-lo, influenciando para que seja removido para outra cidade. Pode levantar falsas acusações contra o juiz, de modo a desacreditar seu trabalho, tentando mesmo fazer com que perca o cargo. Ou, ainda, pode influenciar para diminuir sua remuneração, de modo a quebrar-lhe o ímpeto de independência. As garantias, portanto, não são privilégios, são mecanismos presentes, em maior ou menor grau, no Poder Judiciário de todos os países da tradição ocidental, para assegurar a independência e a imparcialidade dos juízes. Juízes frequentemente julgam causas contra interesses de políticos ou de pessoas economicamente muito poderosas, por isso essas garantias são importantes.

Para se tornar juiz no Brasil é preciso ser graduado em Direito, ter completado três anos de atividade profissional como advogado ou bacharel em Direito e ter reputação ilibada. Preenchidas essas condições, qualquer pessoa pode se submeter ao concurso público para os cargos da magistratura. Os concursos são difíceis e muito concorridos. Compõem-se de diversas etapas, com provas escritas e orais, além de uma investigação na vida do candidato para verificar se não há nada que possa impedir o bom exercício da profissão. Normalmente não se consegue preencher os cargos vagos em um único concurso e os concursos se repetem quase todos os anos. Esse modo de seleção dos juízes é bastante elogiado pela comunidade internacional porque se fundamenta no mérito e afasta influências indevidas, o que garante a independência e imparcialidade dos juízes.

Nos Estados Unidos, por exemplo, os juízes do Poder Judiciário de muitos estados da federação são eleitos pelo voto direto. Há um forte debate na sociedade americana sobre esse modo de escolha. Alguns acreditam que a eleição vincula os juízes ao povo, que é quem realmente detém o poder político. Argumentam que os juízes estariam mais inclinados a aplicar a lei de modo justo e poderiam ser mais facilmente responsabilizados em caso de descumprimento de seus deveres, pelo menos uma responsabilização política. Outros, talvez a maioria dos acadêmicos hoje em dia, argumentam contrariamente a esse método de escolha. Dizem que as campanhas para os cargos de juiz são bastante caras e acabam vinculando os juízes, de algum modo, aos financiadores da campanha, algumas vezes, grandes escritórios de advocacia. A campanha eleitoral e as promessas acabariam vinculando os juízes a algumas pessoas ou a plataformas políticas, arranhando a independência e a imparcialidade que deveriam preservar no exercício do cargo.

O sistema brasileiro, por outro lado, é criticado porque faltaria aos juízes uma instância de legitimação popular. Como os juízes são livres para decidir como melhor entenderem e, além disso, não são escolhidos pelo voto, mas por concurso público, eles não prestariam contas ao povo. Essas críticas são tímidas e, na verdade, ganham muito pouco espaço no debate sobre o Poder Judiciário por dois motivos principais: o sistema de seleção dos juízes por concurso público para exercer uma carreira profissionalmente com limitações e garantias favorece muito a independência e a imparcialidade dos juízes. A melhor maneira de um juiz prestar contas ao povo é ser independente e imparcial e aplicar com justiça as leis promulgadas pelos representantes do povo, os vereadores, deputados e senadores. O segundo motivo é que os juízes são obrigados pela Constituição da República a fundamentar suas decisões. Os juízes devem justificar porque decidiram dessa ou daquela maneira. Isso é uma forma de controle e legitimação muito importante. Qualquer pessoa pode analisar as decisões judiciais e verificar se os motivos e justificativas invocados para decidir dessa ou daquela maneira são razoáveis.

Quando há abuso na decisão, quando as razões são frágeis ou não se sustentam, isso facilmente pode ser verificado. Infelizmente, no Brasil, a sociedade civil ainda não dá a devida atenção às razões de decidir dos juízes. Sobretudo os órgãos de imprensa ainda exercem um controle muito frágil sobre essas razões.

O Poder Judiciário ganhou muito espaço nos noticiários nas últimas décadas, mas o enfoque é quase sempre sobre o que foi decidido. Explora-se muito pouco o porquê de a decisão ter sido nesse ou naquele sentido, quais os argumentos da decisão, se esses argumentos são bons ou fortes o suficiente. Isso empobrece o debate acerca da justiça na aplicação da lei e dá liberdade aos juízes e tribunais para decidirem de modo errático. Nos últimos anos cresceu muito o número de órgãos de imprensa especializados no mundo jurídico. Nesses veículos, o debate é mais profundo, mas seria de fundamental importância maior envolvimento da sociedade civil, pelo menos com relação às questões jurídicas mais importantes, como uniões homoafetivas, aborto e questões previdenciárias, por exemplo.

No Brasil, a imprensa não consegue distinguir nem o papel dos juízes em uma ação judicial, quanto mais os argumentos utilizados para a decisão. Ainda são comuns notícias como "o juiz responsável pela investigação..." ou "o promotor determinou o afastamento do cargo...", o que é absolutamente inapropriado. Juízes não investigam nem apresentam provas. Promotores não determinam prisão nem podem afastar nenhum servidor público do seu cargo, somente juízes podem fazer isso. Para que alguém seja condenado, é preciso provas e não são os juízes os responsáveis por provar a culpa, são os promotores. Essa confusão toda impede uma adequada prestação de contas. A sociedade fica sem saber quem é responsável pelo quê.

Se um criminoso foi absolvido, foi o juiz que julgou contrariamente às provas ou foi o promotor de justiça que não conseguiu produzir provas suficientes? Há um sentimento de indignação popular, mas quem deve ser responsabilizado? Essas perguntas somente podem ser adequadamente respondidas quando prestamos bastante atenção às razões de decidir. Se não responsabilizarmos a pessoa ou a instituição certa, fica difícil promover o aperfeiçoamento do sistema.

Os Políticos e os Juízes

"A luz do sol é o melhor dos desinfetantes".

Louis Brandeis

O Poder Judiciário brasileiro não está completamente ao abrigo da influência do sistema político partidário. Pelo contrário. O Poder Legislativo e o Poder Executivo têm grande influência na escolha dos juízes de segundo grau e na escolha dos juízes dos tribunais superiores. Como já disse, os juízes de segundo grau são chamados desembargadores, eles podem reformar as decisões dos juízes de primeiro grau.

Os juízes podem ser promovidos a desembargadores por antiguidade ou por merecimento, então vão trabalhar nos tribunais e sua tarefa é corrigir as decisões dos juízes de primeiro grau. Na promoção por antiguidade não há influência política, já que são promovidos os que estão há mais tempo na carreira, o presidente da República e os governadores não participam da escolha. Isso ocorre no preenchimento de 40% dos cargos dos tribunais. Nos outros 60% dos cargos há maior participação dos políticos na escolha dos juízes, seja na promoção por merecimento, que ocorre para preenchimento de 40% dos cargos dos tribunais, seja pela regra do quinto constitucional, quando advogados e membros do Ministério Público são escolhidos para ocuparem cargos nos tribunais.

Na promoção por merecimento, os tribunais elaboram uma lista de três nomes, a partir de uma votação nos juízes que estão em condições de serem promovidos. Os três mais votados compõem a lista. Antes da reforma do Poder Judiciário de 2004, pela Emenda Constitucional 45, essa votação era secreta. Os desembargadores podiam escolher quem quisessem sem apresentar razões. A partir da reforma, o voto passou a ser aberto, os desembargadores precisam justificar a escolha dos três nomes, a partir da produtividade, participação em cursos de aperfeiçoamento ou especialização e outros critérios objetivos. O processo ficou mais transparente, mas a margem de escolha ainda é grande. Depois que os tribunais escolhem os três nomes que compõem a lista tríplice, a escolha fica a cargo do presidente da República, quando se trata do Poder Judiciário da União e, em alguns casos, dos governadores dos Estados.

Quando abre um edital de promoção por merecimento, os juízes interessados se candidatam. O primeiro desafio é figurar na lista tríplice elaborada pelo próprio tribunal. Os candidatos correm atrás de apoio. Peregrinam até os tribunais, apresentam aos desembargadores eleitores seus currículos, seus títulos e seus méritos. Ao montar a lista, os desembargadores consideram também, ainda que informalmente, os apoios políticos do candidato, pois nada adiantará figurar na lista se não tiver chances de ser nomeado pelo governador ou pelo presidente da República. Ou, por outra, podem trabalhar para montar uma lista com dois nomes politicamente fracos e somente um nome forte, de modo a favorecer a escolha deste último.

Os desembargadores responsáveis pela eleição podem, ainda, tentar limitar ao máximo a liberdade de escolha do chefe do Poder Executivo, já que ele estará obrigado a nomear aquele que figurar três vezes consecutivas ou cinco vezes alternadas na lista de merecimento. Assim, se o tribunal indicar o mesmo juiz três vezes consecutivamente para a promoção por merecimento dentro da lista tríplice, o chefe do Executivo estará obrigado a nomeá-lo para o cargo, não restará liberdade de escolha. Tudo isso faz parte do processo de escolha, dentro de um sistema de freios e contrapesos.

Nos tribunais superiores a influência política é ainda maior, já que todos os ministros – não apenas uma parte deles, como acontece nos tribunais de segundo grau –, são nomeados pelo presidente da República, a partir de uma lista de nomes formada pelos tribunais superiores. Para o Supremo Tribunal Federal, a escolha é ainda mais livre. O presidente pode nomear qualquer cidadão maior de 35 anos que tenha reputação ilibada e notório saber jurídico, não há listas. Depois de indicados pelo presidente da República, os candidatos são sabatinados e devem ser aprovados pelo Senado Federal. Os debates promovidos pelo Senado ao redor da indicação são, contudo, muito superficiais. O Senado rejeitou a indicação do presidente da República apenas 5 vezes em toda a história republicana, todas elas foram indicações do marechal Floriano Peixoto, que chegou a indicar um médico e dois generais.

Alguns são contra essa influência política sobre o Poder Judiciário. Argumentam que a nomeação de desembargadores e ministros por governadores e pelo presidente da República afeta, em maior ou menor grau, a independência e imparcialidade dos juízes. Essa corrente defende que desembargadores e ministros deveriam ser escolhidos pelos próprios juízes em um sistema de progressão na carreira que não envolvesse a influência de partidos políticos.

Em tese, a influência de um Poder sobre o outro é bastante positiva. Aliás, essa é a essência da teoria da separação dos poderes, que é a base do sistema político dos países ocidentais livres desde o século XVII: um poder limita e influi sobre o outro, de modo que nenhum deles detenha um poder absoluto ou excessivo. No caso brasileiro, o problema é mais de forma. Na prática, os governadores e o presidente nomeiam os candidatos, mas não há um debate político efetivo ao redor dos nomes que concorrem aos cargos de desembargador e ministro. Na maioria das vezes, ou nomes não aparecem na imprensa, nem mesmo na imprensa especializada, ou o processo de escolha é envolvido em segredo e tratado como coisa de bastidor, nos jornais aparecem em pequenas notas nas colunas políticas ou até nas colunas sociais.

A escolha dos candidatos, entretanto, deveria ser a mais aberta possível e o debate em torno dos nomes também. Seria muito importante que a sociedade soubesse quais partidos ou grupos políticos apoiam quais candidatos. Nos Estados Unidos, por exemplo, onde o presidente da República nomeia livremente todos os juízes federais de primeiro e segundo grau, inclusive os juízes da Suprema Corte, o nome dos candidatos emergem a partir dos partidos políticos ou da própria sociedade civil, que forma comissões ou grupos para tratar das indicações e concedem amplo e expresso apoio aos candidatos. Na Inglaterra, a nomeação dos juízes da Suprema Corte é precedida pelo estudo de uma comissão de notáveis que faz a indicação de vários nomes, ouvindo diversos setores da sociedade.

No Brasil, o processo de nomeação pelo chefe do Executivo poderia ser aperfeiçoado para conter uma fase de apoiamento mais transparente, sobretudo quando se trata dos cargos de ministros do Supremo Tribunal Federal e dos tribunais superiores. O apoiamento é quando políticos e partidos apresentam seus apoios. Normalmente isso é feito mediante o envio de cartas, que são chamadas cartas de apoiamento, aos governadores ou ao presidente da República.

Todavia, grande parte da movimentação acontece nos bastidores e, algumas vezes, mesmos os apoiadores não gostam de aparecer muito porque entendem que podem, ao explicitar o apoio, prejudicar o candidato. O apoio de um senador investigado por corrupção, por exemplo, por ser útil quando é feito discretamente, mas será desastroso se amplamente noticiado.

Na prática, trata-se de saber quais pessoas ou grupos políticos têm maior influência ou prestígio junto ao presidente da República ou ao governador. Manter a discrição de certos apoios pode ser uma estratégia para vencer a indicação. Isso não quer dizer que o processo seja ilegal, cuida-se de mera estratégia política. Diferentes caminhos podem possibilitar a composição política ou o convencimento de diferentes forças políticas ao redor do mesmo nome. Algumas vezes, por exemplo, um apoio político pode anular outro, de um partido adversário ou que disputa influência em outras áreas do governo.

Quando foi nomeada pelo presidente Fernando Henrique Cardoso como a primeira mulher a ocupar o cargo de ministra do Superior Tribunal de Justiça, Eliana Calmon surpreendeu a todos ao dar alguns detalhes do processo político de escolha em entrevista que concedeu à Folha de São Paulo, publicada no dia 6 de junho de 1999. A ministra disse textualmente que sem o apoio dos senadores Edison Lobão, Jader Barbalho e Antônio Carlos Magalhães, não seria escolhida. Nada de surpreendente no fato em si. Surpreendente foi a ministra Calmon ter tratado todo o processo de modo transparente e natural, o que deveria ser a regra.

Jânio Freitas, em artigo publicado dois dias após a entrevista no mesmo jornal, chegou a dizer: “não, não é entrevista. É um documento raro. A franqueza, mais do que isso, a honestidade com que a entrevistada aceita descrever o processo político de sua nomeação”. Na entrevista, a ministra disse que o candidato ao cargo de ministro manifesta extraoficialmente a intenção de ser candidato indo aos gabinetes dos ministros do STJ e mostrando o currículo. Começa a campanha para que seja selecionado para a lista tríplice. A lista tríplice é uma lista com três nomes escolhidos pelos ministros do Superior Tribunal de Justiça. O Presidente da República escolherá um dentre esses três nomes para ocupar o cargo. Uma vez selecionado na lista tríplice pelo Superior Tribunal de Justiça, é hora de buscar os apoios políticos. Então, o candidato busca apoio dos políticos da base aliada, que podem influenciar a vontade do presidente da República acerca da nomeação. Como não há regras claras acerca desse processo, o debate é minguado, a sociedade civil participa pouco e influencia pouco.

A busca por apoios políticos deve ser vista como algo normal, comum e esperado dentro de nosso sistema de justiça. O debate ao redor dos candidatos e os apoios apresentados é que deveriam ser mais transparentes, acompanhados mais de perto pela sociedade e pela mídia. A escolha deveria ser mais objetiva e institucional e menos fundada em apoios políticos exclusivamente pessoais. Seria bom que o processo de escolha conseguisse envolver a sociedade civil, a Ordem dos Advogados do Brasil, as associações de proteção de direitos, as associações de juízes, os professores e as faculdades e Direito.

Muitos desembargadores e ministros apoiados ou escolhidos pelos políticos julgarão causas de interesses desses mesmos políticos ou de seus aliados, seja de interesse direto ou indireto. Podem julgar crimes cometidos pelos políticos ou seus aliados, podem julgar matérias envolvendo planos de governos ou gastos governamentais, como a instituição de um novo tributo, a legalidade de um contrato etc. Quanto mais pessoas, instituições e associações participam do processo de escolha, quanto maior o debate ao redor dos nomes escolhidos, quanto mais transparentes forem os apoios políticos recebidos pelos candidatos, mais e mais estará sendo assegurada a independência e a imparcialidade dos juízes.

Razão e igualdade

"A primeira igualdade é a justiça."

Vitor Hugo

No frontão da Suprema Corte Norte Americana lê-se a seguinte frase gravada no mármore branco sobre as dezesseis magníficas colunas coríntias: "*equal justice under the law*". O que pode ser traduzido mais ou menos como: igual justiça sob a proteção da Lei. A frase remete ao texto da quarta emenda à Constituição americana, mas, antes disso, remete também ao lema da Revolução Francesa: "*liberté, égalité, fraternité*". Mais remotamente ainda remete ao ideal de Justiça dos gregos. A noção de Justiça, desde a Antiguidade clássica, sempre teve a ver, em maior ou menor medida, com conceder igual tratamento às pessoas situadas nas mesmas posições sociais, ante os mesmos fatos.

Desde as Revoluções do século XVIII, introduziu-se a ideia, cada vez mais forte, de que as pessoas não podem receber da Lei tratamento diferente em razão da classe social, da cor da pele ou do *status* econômico. Aos criminosos que cometeram o mesmo crime deve ser aplicada a mesma pena, não importa se rico ou pobre, preto ou branco. A Lei deve valer de igual modo para todas as pessoas. As distinções são justas apenas quando têm por fundamento razões que tornem aceitável, compreensível ou recomendável o tratamento diferenciado concedido a algumas pessoas, como, por exemplo, a licença maternidade concedida às mulheres e não aos homens. Ou a aposentadoria especial, com menor tempo de serviço, concedida às pessoas que trabalham expostas a agentes nocivos à saúde ou em atividades especialmente perigosas, como os eletricitários ou os radiologistas. Enfim, Justiça é, em grande parte, uma questão de tratar a todos de modo igual e tratar desigualmente, seja para onerar, seja para beneficiar, apenas quando situações específicas justifiquem ou recomendem tal diferenciação.

Podemos prontamente distinguir pelo menos duas espécies de Justiça. *A Justiça da Lei e a Justiça na aplicação da Lei. A Justiça da Lei,* dizer se uma Lei é justa ou injusta, na medida em que ela concede tratamento diferenciado a algumas pessoas, é uma análise muito mais relacionada ao Poder Legislativo que ao Poder Executivo ou ao Poder Judiciário, na medida em que é o Poder Legislativo, por meio dos representantes eleitos pelo povo, que faz as leis, quem as aprova e, portanto, o responsável pela Justiça da Lei.

A Justiça na aplicação da Lei diz mais de perto com as funções do Poder Executivo e do Poder Judiciário. Quanto ao Poder Executivo, a *Justiça na aplicação da Lei* é importante porque são os órgãos de fiscalização e controle, como as polícias, os primeiros responsáveis pelo cumprimento e observância da Lei. Os órgãos de fiscalização e controle.

Se uma lei determina, por exemplo, a obrigatoriedade do uso do capacete para os motociclistas e estabelece uma multa, os órgãos de fiscalização deverão zelar pela observância da norma, aplicando as multas de modo igual para todos. Se as multas não forem aplicadas, a tendência é que poucas pessoas cumpram espontaneamente a Lei. A Lei torna-se fraca e sua aplicação injusta porque uns poucos cumprem a norma, tendo despesas para a aquisição do capacete, enquanto muitos outros não a cumprem nem são punidos por isso.

Algumas vezes, os órgãos de fiscalização podem dispensar apenas algumas pessoas da aplicação da Lei. Imagine, por exemplo, o caso em que os partidários de um prefeito, em pequena cidade do interior, não são multados se flagrados sem uso do capacete, enquanto aos demais motociclistas é imposta a penalidade. Há um evidente tratamento desigual dispensado pelos aplicadores da Lei, no caso os órgãos de fiscalização e controle ou as polícias, que fazem parte do Poder Executivo. Mais uma vez, a Lei cai no descrédito e espalha-se uma sensação de injustiça no tecido social.

Aqui, nos interessa sobremodo a *Justiça na aplicação da Lei* quando é o Poder Judiciário quem está aplicando a Lei. Ou seja, no caso em que a aplicação da Lei vai parar nas cortes e está submetida à apreciação dos juízes. Isso ocorre quando os órgãos de fiscalização e controle ligados ao Poder Executivo não conseguem assegurar a *Justiça na aplicação da Lei*, seja porque a Lei é descumprida e esses órgãos não conseguem coibir o descumprimento, seja porque esses órgãos impõem um cumprimento injusto da Lei.

O ponto é relevante em dois sentidos: em primeiro lugar porque tratamos da caixa-preta do Poder Judiciário e procuramos entender porque o Poder Judiciário não funciona no Brasil; em segundo lugar porque é o Poder Judiciário o responsável por assegurar, em última instância, que a aplicação da Lei seja justa. Na maioria das vezes, o Judiciário não pode garantir que a *Lei seja justa* ou que seja de acordo com o ideal que a sociedade ou parte dela tem de Justiça, mas deve sempre garantir que a *aplicação da Lei seja justa.*

A chamada "crise do Poder Judiciário" é um fenômeno multifacetado, que não tem um único efeito nem uma única causa, mas é percebido como uma coisa só: uma sensação generalizada e difusa de injustiça. Essa sensação pode ter origem (a) na injustiça da Lei; (b) na injustiça da aplicação da Lei pelos órgãos de fiscalização e controle subordinados ao Poder Executivo, como as polícias, os fiscais de trânsito, os fiscais ambientais, os fiscais tributários etc.; ou, ainda, (c) na injustiça da aplicação da Lei pelo Poder Judiciário.

Quando os órgãos de fiscalização e controle, ou os mecanismos criados pelos próprios particulares, como as multas por descumprimentos contratuais, não conseguem fazer com que a Lei seja cumprida, o Poder Judiciário deve atuar. Também quando a Lei for aplicada de modo injusto pelos órgãos de fiscalização e controle subordinados ao Poder Executivo, tratando desigualmente as pessoas na mesma situação, o sistema jurídico deve ser capaz de repelir e corrigir a distorção. Quando o Poder Judiciário não consegue corrigir a contento o desvio na aplicação da Lei, as coisas se complicam. Temos injustiça na aplicação da Lei pelos órgãos de fiscalização e controle, mas o sistema de Justiça não consegue corrigir a distorção. Esse é o pior cenário.

Essa sensação generalizada e difusa de injustiça muitas vezes ocorre também quando o Poder Judiciário, ao aplicar a Lei, trata situações iguais de modo diferente. A lei é razoavelmente justa, a aplicação da lei pelos órgãos de fiscalização e controle é razoavelmente justa, todavia, a aplicação da lei pelo Poder Judiciário é injusta porque trata casos assemelhados de modo diferente. Os juízes interpretam a Lei de um modo em alguns casos e de modo diferente em casos rigorosamente assemelhados. Nesses casos, devemos perguntar se há boas razões para a distinção.

Se não há boas razões para a distinção, mas, mesmo assim, a Lei foi aplicada de modo diferente em casos semelhantes, podemos dizer que houve uma injustiça. Onde há as mesmas razões deve ser aplicado o mesmo direito. Ou seja, quando as circunstâncias determinantes para a aplicação da Lei são semelhantes, a mesma Lei deve ser aplicada de modo o mais uniforme possível. É o que se espera do *equal justice under the law.*

Juízes diferentes frequentemente têm interpretações diferentes da mesma lei. Ainda que não sejam os mesmos juízes, na prática, essa interpretação diferente da mesma Lei em casos semelhantes acaba trazendo uma forte sensação de injustiça. É comum, por exemplo, a crítica de que a Lei Penal é aplicada sempre de modo mais leve para os ricos e mais duro para os pobres. Ou de que, em certos tipos de crime, como os crimes do colarinho branco, os juízes tendem a ser mais brandos que nos chamados crimes violentos ou de sangue.

A crítica é absolutamente pertinente. A liberdade de julgamento é uma garantia importante para os cidadãos, mas o juiz não é totalmente livre. Não pode julgar contra a Lei ou contra as provas, por exemplo. Não pode produzir julgamentos absurdos. Em todos os países do mundo ocidental desenvolvido o juiz é, até certa medida, livre para interpretar a lei, desde que apresente racionalmente os motivos para essa interpretação e para o seu convencimento acerca dos fatos. A divergência de opiniões entre os juízes, advogados e tribunais é, até certo ponto, importante para que o Poder Judiciário consiga chegar às melhores interpretações das leis. É a liberdade de julgamento que produz o debate de ideias, que é fundamental a uma sociedade democrática. Com o tempo, esses entendimentos tendem a se aproximar e se cristalizar ao redor de pontos de concordância.

O problema é que, algumas vezes, essa liberdade pode ser usada para produzir julgamentos diferentes conforme as pessoas destinatárias do julgamento. A chamada interpretação conforme o freguês. Pode-se dar a uma lei uma interpretação mais benéfica para favorecer ou uma interpretação mais dura para prejudicar alguém ou alguns interesses. Quem nunca ouviu a máxima que resume essa prática: "aos amigos tudo, aos inimigos os rigores da lei"? Nesses casos, qual o controle?

Para que seja possível o controle sem limitar a liberdade de julgamento e o amplo debate de argumentos, a única solução é a sociedade e a academia estarem sempre muito vigilantes às razões apresentadas para o julgamento em confronto com as razões apresentadas em julgamentos semelhantes. Qual é a jurisprudência dominante? Ou seja, qual é o histórico dos julgamentos em casos semelhantes? Por que a prisão preventiva é admitida em casos de roubo e não é admitida quando os réus são empresários ricos acusados de crime do colarinho branco?

Em casos como esses, sobretudo nos mais rumorosos, a imprensa deixa muito a desejar. O debate nos meios acadêmicos também é pouco amadurecido. Muitas vezes os jornais noticiam amplamente as decisões do Poder Judiciário, mas deixam de fazer uma análise crítica de seus argumentos. Não esclarecem os argumentos utilizados ou por que o caso noticiado se assemelha ou se diferencia de outro parecido, em que a decisão do mesmo órgão julgador foi diferente. Esse tipo de debate seria capaz de produzir um forte controle sobre as decisões do Poder Judiciário, sobretudo sobre as decisões mais abrangentes como é o caso das decisões tomadas nos julgamentos dos tribunais superiores ou do Supremo Tribunal Federal. O controle sobre essas decisões deve ser maior não porque elas apresentem maior discrepância de um caso para outro, mas porque as decisões do Supremo Tribunal Federal e das demais Cortes Superiores têm maior impacto social. A divergência nas decisões judiciais pode acontecer em qualquer instância do Poder Judiciário e às vezes acontece por ausência de controle forte sobre as razões de julgamento e não exatamente pela intenção de favorecer ou prejudicar esses ou aqueles interesses.

Não se faz Justiça com parcialidade. Não se atinge a imparcialidade sem igualdade de tratamento na aplicação da

Lei. Uma das funções mais importantes das Cortes Superiores e do Supremo Tribunal Federal é uniformizar a jurisprudência, ou seja, uniformizar as interpretações diferentes que são dadas à Constituição da República e às Leis do país.

No Brasil, contudo, as Cortes Superiores e o Supremo Tribunal Federal estão sempre atulhados de recursos, têm uma carga descomunal de trabalho, o que inviabiliza, muitas vezes, um debate mais aprofundado acerca das razões de decidir e impede a uniformização da jurisprudência. Essas cortes, que têm a função de uniformizar os entendimentos do Poder Judiciário, frequentemente decidem, elas mesmas, de modo dissonante, utilizando razões diferentes para casos semelhantes e aplicando de modo diferente a mesma Lei em casos semelhantes. Isso corrói a credibilidade de todo o sistema e desestimula os juízes de primeiro grau a seguirem os precedentes as Cortes Superiores.

A economia do poder não pode ser ignorada. Nosso sistema possibilita que quase todos os casos cheguem às Cortes Superiores. Se, por um lado, isso aumenta enormemente o trabalho das instâncias superiores, por outro, confere-lhes mais poder. Imagine que cada um dos onze ministros do STF ou dos trinta e três ministros do STJ tem, prospectivamente, grande probabilidade de ser chamado a participar da decisão final de quase todo processo judicial em curso no território nacional. Isso parece fascinante. Quase tudo tem a possibilidade de terminar sendo decidido pelos juízes das Cortes Superiores. O ponto negativo é que o grande número de recursos e o enorme número de casos que chegam às Cortes Superiores acabam tornando difícil a uniformização da jurisprudência e fazendo com que o processo demore muito até sua conclusão.

Do ponto de vista do sistema político, essa concentração de poder é positiva, na medida em que os juízes das Cortes Superiores são escolhidos pelo Presidente da República. Esse desenho concede maior poder de influência, ainda que indireta, aos representantes do povo. É difícil abrir mão do poder em prol de um sistema mais racional, onde os casos sejam decididos nas instâncias inferiores e as Cortes Superiores tenham o papel apenas de uniformizar a jurisprudência, como seria mais racional. Diminuir o número de recursos e a possibilidade de que esses recursos cheguem às instâncias superiores é diminuir o poder das Cortes Superiores e dos poderes políticos que influenciam na nomeação dos integrantes dessas cortes.

Uma solução assim passa pelo fortalecimento dos juízes de primeiro grau e dos tribunais de segundo grau. Em países como Estados Unidos e Alemanha o número de recursos é bastante restrito e a possibilidade de um caso chegar às Cortes Superiores é bem reduzida. A decisão dos juízes de primeiro grau e das cortes de segundo grau é quase sempre definitiva. O sistema é mais racional. Enquanto a Suprema Corte norte-americana julga cerca de cem casos por ano, o nosso Supremo Tribunal Federal julgou mais de 14 mil processos no ano de 2018, isso sem contar as mais de 112 mil decisões monocráticas, quando a causa é decidida por um só dos Ministros do Supremo Tribunal.

Poder, poder, mais poder

"Vamos ter que criar no Brasil a cultura de que processos devem terminar num prazo razoável e que dois graus de jurisdição são suficientes para se produzir a Justiça possível.

O STF não pode ser o estuário de todos os processos que tramitam no país."

Luís Roberto Barroso,
Ministro do Supremo Tribunal Federal

"O problema é a 'interminabilidade' dos processos. Criamos a cultura de que o direito à Justiça não se satisfaz com o duplo grau de jurisdição."

Oscar Vilhena

O ser humano ama o poder, algumas vezes sucumbe a ele. Os juízes também. O poder dos juízes deve ser limitado. Não o poder de fazer valer suas decisões. Esse poder, os juízes não o têm ou o têm muito reduzido e fragilizado, pelo menos no Brasil. Entre nós, o poder que os juízes têm é o poder de decidir, ainda que a decisão não seja cumprida. É o poder de postergar a decisão, o poder de acelerar a decisão, o poder de decidir de modo um pouco diverso do que sempre vinham decidindo. Mas o poder que mais apaixona os juízes é o poder de reformar as decisões de outros juízes, o poder de dizer a última palavra. É aqui que os juízes mostram todo o seu poder. É esse poder que precisa ser limitado, não o poder de fazer valer as decisões.

No nosso sistema de justiça praticamente todas as causas, as grandes, as pequenas e mesmo as insignificantes; as inéditas, as repetidas e as já decididas milhares de vezes, todas podem chegar às últimas instâncias do Poder Judiciário. Praticamente todas as causas terminam sendo decididas pelos tribunais superiores ou pelo Supremo Tribunal Federal. Isso é poder. O poder de decidir e de reformar decisões. É difícil diminuir as atribuições dos tribunais porque isso diminuiria o poder dos tribunais. Diminuiria também o poder das forças políticas que indicam os juízes para esses tribunais. Um sistema em forma de funil, onde todas as causas possam chegar e ser decididas pelas últimas instâncias deixa os políticos mais seguros.

Por isso há alguns anos tentamos a todo o custo criar um sistema que seja eficiente e rápido, mas onde todas as causas possam chegar às últimas instâncias, tudo para assegurar o poder dos tribunais. Contudo, é praticamente impossível criar um sistema assim. Em todos os países desenvolvidos os tribunais existem basicamente para uniformizar as decisões das instâncias inferiores e, eventualmente, corrigi-las, em casos de erros graves. No Brasil, praticamente todos os julgamentos são refeitos a altíssimos custos de tempo e dinheiro; além disso, os tribunais não conseguem uniformizar e tornar previsíveis as decisões.

Nos países desenvolvidos, os tribunais, sobretudo os tribunais superiores e as cortes constitucionais como o Supremo Tribunal Federal, servem como silenciosos guardiões do Direito, seu poder é latente. Emanam tanto mais poder e respeito quanto menor é o número de causas que julgam e maior é o número de recursos que rejeitam. O poder dessas cortes é discreto, consiste simplesmente em assegurar que o sistema funcione de modo eficiente. Os tribunais são a instância da igualdade. Os tribunais servem para assegurar simplesmente que a causa posta à apreciação seja decidida de modo semelhante às causas já decididas anteriormente para que todos sejam tratados de modo igual. Onde há as mesmas razões, deve ser aplicado o mesmo direito. *Equal justice under the law.*

Decidir as causas sempre do mesmo modo, tornar o resultado das ações judiciais previsíveis, diminui o poder dos juízes. Se sempre decidirem um caso novo como as centenas de casos semelhantes que foram decididos anteriormente, haverá um forte desestímulo aos recursos. Poucas causas chegarão aos tribunais, que poderão decidir e reformar as decisões apenas em um número reduzido de casos, por isso, terão menos poder.

No nosso sistema há uma concentração de poder difícil de justificar. Assim como temos uma concentração de renda, temos uma absurda concentração de poder no sistema processual. Talvez essa concentração seja reflexo da sociedade patrimonialista e clientelista que se formou no Brasil a partir da colonização portuguesa. O patrimonialismo caracteriza-se pelo trato da coisa pública como se privada fosse. O clientelismo tem sua marca na troca de favores entre o patrão e o cliente. Pelo patrimonialismo os cargos públicos eram distribuídos como se privados fossem, o que não acontece mais entre nós desde a Constituição de 1988, pelo menos não mais de forma tão explícita e despudorada. Pelo clientelismo, aqueles que recebiam os cargos serviam a quem lhes havia alçado ao poder e, por sua vez, formavam laços de fidelidade com qualquer um que pudesse ser útil para renovar o ciclo do poder.

Não podemos seriamente classificar as relações entre políticos e juízes dos tribunais brasileiros como relações patrimonialistas ou clientelistas. Graças aos esforços pela democratização de muitas gerações de brasileiros, já estamos longe disso. O nosso sistema tem evoluído enormemente, sobretudo a partir da Constituição de 1988 e da Reforma do Poder Judiciário de 2004. Entretanto, ainda podemos avançar tornando mais transparente as indicações políticas para os tribunais, por exemplo. De todo modo, o modelo clientelista pode nos ajudar a compreender como se estabelecem os laços de poder mesmo no âmbito Poder Judiciário. Essas relações de poder e influências recíprocas são inevitáveis, e até naturais em qualquer sistema político-jurídico e onde quer que haja o exercício do poder, e são estudadas em todos os países para que possam ser mais bem compreendidas e controladas.

Esse sistema de trocas políticas torna-se mais abrangente e mais eficiente quando é feito a partir de cima, no topo da pirâmide. Se todas as causas podem potencialmente chegar ao topo da pirâmide, torna-se mais fácil às instâncias políticas controlar ou influenciar os julgamentos. É mais fácil influenciar um pequeno número dos juízes dos tribunais que são nomeados por indicações políticas que controlar as teses desenvolvidas por todos os juízes. Repito: a influência do poder político sobre essas nomeações e decisões, mais que natural, é bem-vinda, pois permite que os representantes do povo confiram legitimidade ao trabalho do Poder Judiciário, o que é o cerne da democracia. Todavia, mesmo essa influência precisa ser contrabalançada em nome da eficiência do sistema e da igualdade. Como fazer isso?

Em primeiro lugar deve-se assegurar que todos os casos semelhantes sejam julgados de modo semelhante. Onde há as mesmas razões, deve ser aplicado o mesmo direito. Em segundo lugar, deve-se dar maior exequibilidade às decisões dos juízes de primeiro grau. Para termos um sistema eficiente, não podemos esperar que todas as decisões sejam confirmadas ou que todas as causas sejam novamente julgadas pelas instâncias superiores. Aqui, é necessário fazer uma escolha. Ou acreditamos nos juízes de primeiro grau e as instâncias superiores passam a ser instâncias de correção em casos excepcionais e não instâncias de validação e de rejulgamento, assim teremos mais celeridade no julgamento das causas; ou as instâncias superiores continuam como instâncias de um novo julgamento, com o julgamento das causas se arrastando por anos a fio.

O fato é que, enquanto em países como Estados Unidos, Alemanha e Inglaterra as decisões dos juízes de primeiro grau são imediatamente aplicadas e dificilmente são reformadas, no Brasil as decisões dos juízes de primeiro grau precisam ser confirmadas pelos tribunais e, quase sempre, só têm valor após o julgamento final da causa. Isto é, após o julgamento de todos os recursos em todas as instâncias, o que pode demorar anos e diminui a força e o poder dissuasório do Poder Judiciário.

Seria muito bom não precisarmos do Poder Judiciário. Se o Judiciário é pouco procurado, pouco acionado, significa dizer que a Lei é cumprida, que não há conflitos ou que as pessoas conseguem resolver seus conflitos por meios menos traumáticos e menos custosos que o processo judicial. Um sistema de justiça saudável é aquele em que os juízes conseguem resolver as controvérsias em tempo razoável e passam para a sociedade estímulos que impedem o surgimento de novas controvérsias. Onde o poder emana dos tribunais muito mais pelo que deixam de decidir ou pelas decisões que não reformam, que pelo absurdo número de recursos que julgam. Onde o poder emana dos tribunais superiores pela sua inabalável resiliência em assegurar que os julgamentos preservem a coerência e a igualdade, garantindo que todas as pessoas na mesma situação sejam tratadas da mesma maneira.

Imagine que você, prezado leitor, resolve promover uma ação judicial contra uma companhia telefônica onde cobrará indenização por cobrança indevida de faturas. A companhia telefônica da qual você é cliente vem cobrando, nos últimos oito meses, um valor por um serviço que você jamais contratou. Você tentou resolver o problema diretamente com a companhia. Discou várias vezes para o serviço de atendimento ao consumidor, quando lhe passavam de uma atendente a outra, a outra, a outra, até que, quando você finalmente conseguia falar com o setor responsável, a ligação inesperadamente caía. Então, por sugestão de um amigo, você fez uma reclamação junto à ANATEL, a agência responsável por fiscalizar e garantir o cumprimento da Lei pelas telefônicas. Depois de dois dias, a telefônica ligou para você, assegurou que suspenderia a cobrança e você até dormiu satisfeito por algumas noites, somente até a chegada da próxima fatura, quando você descobriu que nada foi verdadeiramente resolvido.

Então você decidiu, como última e desesperada medida, promover uma ação judicial contra a companhia telefônica. A telefônica, que tem um bom corpo de advogados, decide não fazer acordo e, após cada julgamento, apresenta todos os recursos possíveis, levando a causa até às instâncias superiores. O seu advogado explica que a jurisprudência, ou seja, o modo como os tribunais decidem essa questão, tem variado um pouco ao longo dos últimos anos, de modo que não é completamente seguro dizer se a cobrança é devida ou indevida. Ele explica também que o valor da indenização nesses casos varia enormemente, que você pode perder a causa ou, caso ganhe, a telefônica pode ser condenada a lhe indenizar um valor variável entre R$ 1.000,00 (mil reais) a R$ 12.000,00 (doze mil reais).

O que você não sabe é que a empresa telefônica faz um cálculo muito objetivo. Ela calcula qual o percentual de pessoas que, como você, promove uma ação judicial contra a cobrança. Além disso, ela calcula qual a média das indenizações e quanto tempo demora para pagá-las. Quando o percentual de pessoas que reclama da cobrança é pequeno e o valor das indenizações é baixo, é economicamente rentável continuar cobrando pelo serviço. Isso é puro cálculo financeiro. Qualquer empresa faria isso. O Poder Judiciário deveria fazer a mesma coisa, calculando a indenização em patamares tais que desestimulasse a cobrança pelas companhias telefônicas e passando uma mensagem clara de que a cobrança indevida iria sempre resultar indenização.

Como não está completamente certo pelos julgamentos anteriores se os tribunais consideram a cobrança devida ou indevida, vale a pena a empresa continuar apresentado recursos. Também não é completamente certo o valor das indenizações, algumas vezes elas são maiores outras, menores. Mais um motivo para continuar apresentando os recursos. Do ponto de vista dos juízes, essa incerteza dá uma falsa sensação de poder. Como não há nada certo e tudo pode ser decidido de novo, a importância dos juízes aumenta frente aos advogados, às empresas, aos políticos ou a quaisquer outras pessoas interessadas em apresentar suas teses e influenciar o julgamento. No Brasil, os juízes consideram normal modificar o que foi decidido antes por outros juízes, ainda que a igualdade possa sair um pouco arranhada. É um traço cultural nosso. Consideramos o julgamento um ato muito pessoal e achamos que sempre podemos modificar o modo como causas similares vinham sendo decididas.

Mas a concentração de poder tem ainda outra faceta. No Brasil, os ocupantes de alguns cargos públicos são julgados pelas instâncias superiores. É o chamado foro privilegiado. Esse privilégio está previsto na Constituição. Deputados federais e senadores são jugulados pelo Supremo Tribunal Federal; governadores e desembargadores, pelo Superior Tribunal de Justiça; juízes e prefeitos são julgados pelos tribunais de justiça ou tribunais federais. Essas pessoas, em razão do cargo que ocupam, não são julgadas como qualquer outro cidadão. Elas têm um tratamento diferenciado. Há uma quebra da igualdade. O argumento para que seja assim é o de que os juízes de primeiro grau não teriam força e isenção suficientes para julgar pessoas tão poderosas. Outro argumento é o de que essas pessoas poderiam ser perseguidas em razão do cargo, sem justo motivo. Qualquer delegado, qualquer promotor, poderia investigá-las. Qualquer juiz poderia julgá-las. A fim de proteger o cargo e não as pessoas, a Constituição prevê, então, um julgamento diferenciado. Segundo esses argumentos, o foro privilegiado assegura que os ocupantes desses cargos não influenciem o julgamento nem sejam injustamente investigados ou processados, dando-lhes tranquilidade para o exercício das funções.

Os argumentos são bons, mas escondem o fato de que, se essas pessoas são poderosas a ponto de influenciarem o julgamento pelos juízes de primeiro grau é porque esses juízes não têm força suficiente, ou melhor, o nosso sistema de justiça não confere aos juízes força suficiente. A sociedade e o sistema como um todo ainda vê os ocupantes de cargos públicos de alta hierarquia como pessoas capazes de influenciar as decisões do Poder Judiciário. Convenhamos que essa não é uma visão muito republicana. Deveríamos trabalhar para mudar esse estado de coisas e impossibilitar que essas pessoas pudessem influenciar ou se beneficiar dos julgamentos proferidos por juízes de primeiro grau. Por outro lado, se os ocupantes desses cargos podem ser perseguidos por investigações ou ações injustas, isso também demonstra que os juízes de primeiro grau são fracos e não seriam capazes de impedir o uso indevido dessas investigações, como simples instrumento de intimidação ou perseguição. Não interessa a ninguém juízes fracos. O que também não é nada republicano. Talvez o melhor caminho fosse fortalecer os juízes para que todos os cidadãos tivessem o mesmo tratamento e não, simplesmente, conceder um tratamento diferenciado a alguns.

Nos casos de foro privilegiado, não é só o julgamento que é diferenciado. A investigação também. A polícia e outros órgãos de investigação não podem investigar as pessoas que detém o foro privilegiado porque a investigação tem que ser supervisionada pelo tribunal que fará o julgamento. Na prática, na prática mesmo, por incrível que possa parecer, nós ainda não temos regras bem definidas para esse tipo de processo e para esse tipo de investigação. As regras vêm sendo definidas nos últimos anos, à medida que os casos aparecem e se sucedem. Isso torna a investigação dos crimes praticados por essas pessoas mais difícil porque de vez em quando essas regras e, sobretudo, as interpretações que são dadas a elas pelos próprios tribunais, mudam, o que possibilita que as investigações e os processos judiciais sejam anulados e que os acusados saiam impunes.

Outro problema é que, como muitos juristas e juízes reconhecem, os tribunais não estão preparados para colher as provas e dar andamento ao processo como faria um juiz no primeiro grau de jurisdição, o que contribui para demora no julgamento e para a sensação de impunidade. Os tribunais têm outras prioridades e outro ritmo de trabalho. As decisões são colegiadas, isto é, na maioria dos casos são tomadas por três ou mais juízes. Na verdade, os tribunais foram concebidos apenas como instância de revisão de julgamentos e não como órgãos julgadores. É difícil para os tribunais desincumbir-se de atividade como ouvir testemunhas, fazer acareações e dar conta de outros incidentes que envolvem a produção da prova e a preparação da causa para o julgamento em si.

O resultado dessa enorme concentração de poder é a lentidão da Justiça, o atraso no resultado final dos julgamentos e, em muitos casos, a impunidade daqueles que, diferentemente do cidadão comum, detêm a benesse de somente serem investigados, processados e julgados pelos tribunais ou pelas cortes superiores.

Democracia, por que não?

> "Quando se deseja saber se houve um desenvolvimento da democracia num dado país, o certo é procurar perceber se aumentou não o número dos que têm o direito de participar nas decisões que lhes dizem respeito, mas os espaços nos quais podem exercer esse direito."
>
> *Norberto Bobbio*

Se fosse uma pessoa, o Poder Judiciário seria um velho senhor, meio rabugento, muito circunspecto. Um avô que não está muito antenado com essa absurda velocidade do mundo contemporâneo. Faz de conta que está ou que não liga, se esforça, não quer deixar que notem seu desconforto. Na festa de natal, fica no canto com a cara fechada, de vez enquanto sorri, mas nunca desfaz a pose, com esperança de manter a autoridade e o respeito. Os jovens conversam, emitem opiniões, discutem, olham os smartphones, compartilham fotos e ideias. O Sr. Judiciário só fala quando é chamado a dar sua opinião e as pessoas já não prestam muita atenção ao que ele diz. Não passa pela cabeça dele que os mais jovens tenham alguma contribuição a fazer, quanta insolência pensar que possam realmente dar essa contribuição! Respeito pelos mais velhos. Respeito à autoridade. O Poder Judiciário vive na era das sociedades tradicionais.

As sociedades tradicionais são aquelas em que o poder está assentado em uma longa tradição e esse é fundamento de legitimidade do poder. Por que devo obedecer à ordem do meu pai? Porque sempre foi assim. A autoridade e a ordem não precisam de justificativas. Elas se justificam pela tradição, simplesmente porque sempre foi assim. Por que os mais velhos mandam e os mais novos obedecem? Porque sempre foi assim. O mundo todo vive uma transição das sociedades tradicionais para as sociedades pós-tradicionais. Nas sociedades pós-tradicionais as pessoas não aceitam mais simplesmente a tradição como fundamento do poder. O poder deve ser justificado racionalmente a fim de se legitimar. Eu vivi isso na minha casa.

Quando era adolescente e pedia meu pai para ir a uma festa com os amigos, algumas vezes ele simplesmente respondia: não pode. Por quê? Na maioria das vezes "porque eu não quero" era suficiente para encerrar a discussão e ainda poderia me assegurar um castigo básico pela insistência. O poder estava assentado na tradição. As coisas vêm mudando de modo muito rápido, e podemos perceber que a sociedade tradicional cede lugar à sociedade pós-tradicional. Cada vez mais precisamos justificar as ordens e o poder que exercemos nas mais diferentes esferas. Percebi isso com muita clareza certo dia em que fui pegar minha filha no colégio. Ela tinha então 6 anos e sempre foi muito autêntica, firme e questionadora. Quando entrou no carro, retirou uma barra de chocolate da lancheira.

"Bianca, você não pode comer chocolate agora! Guarde!"

"Mas por que, pai?"

"Porque eu não quero."

"Mas por que você não quer?"

"Porque está perto da hora do almoço."

"Tem nada não, eu almoço chocolate mesmo."

"Mas não pode."

"Por quê?"

A essa altura eu já me exasperava entre manobrar o carro para sair do estacionamento engarrafado e retirar o chocolate das mãozinhas dela, com dois bons bocados já comidos. Sem contar o fato de que as crianças de hoje normalmente utilizam o tratamento informal você, algo impensável na minha época, tive que explicar mais uma vez para minha filha sobre a importância das principais refeições e de uma alimentação equilibrada, rica em proteínas, frutas e verduras etc. Somente com toda a explicação e algum protesto ela veio, aos poucos, a aceitar minha ordem.

A minha filha exigiu uma explicação, uma justificação racional para a ordem. Esta é a característica da sociedade pós-tradicional. Como era mais fácil para o meu pai!

Os detentores do poder no Poder Judiciário, as cúpulas, são mais parecidos com meu pai. A maioria deles foi formada e ainda vive em uma sociedade tradicional. Gerenciam o Poder Judiciário e exercem o poder da melhor maneira que podem, mas ainda assentam esse poder na tradição, são poucos questionados e quase não prestam contas por suas opções gerenciais. A democracia interna, a participação de todos os juízes na gestão do Poder Judiciário, poderia ajudar a fazer a transição da sociedade tradicional para a sociedade pós-tradicional com ganhos efetivos e muito significativos para todo o sistema de justiça.

Até agora vimos que o que chamamos de crise do Poder Judiciário não se restringe somente ao trabalho dos juízes, mas a todo o sistema de justiça. Vimos que alguns problemas relacionados à *justiça da Lei* (a cargo do Poder Legislativo e, em parte, do Poder Executivo) e à *justiça na aplicação da Lei* pelos órgãos de fiscalização e controle subordinados ao Poder Executivo, também contribuem para a sessão de injustiça que campeia no Brasil. Quanto aos que afetam o Poder Judiciário propriamente, dois grandes problemas foram destacados. O primeiro é o problema gerencial, a imensa desigualdade na distribuição de recursos humanos e materiais e na adoção de práticas gerenciais modernas e eficientes. O segundo é a enorme concentração de poder nas instâncias superiores da estrutura do Judiciário.

Os tribunais quase sempre dizem a última palavra. Isso acaba fazendo com que as causas sejam julgadas em até quatro instâncias, o que ocasiona a lentidão na solução dos conflitos, diminui o papel dos juízes de primeiro grau e desacredita o sistema como um todo. Muitas vezes a *equal justice under the law*, a coerência e a racionalidade das decisões são prejudicadas.

Há solução possível para esses problemas? Sim, há muitas soluções possíveis, mas todas elas dependem da mudança de mentalidade das pessoas que gerenciam o Poder Judiciário, das cúpulas, assim como de uma pressão social maior, a partir da compreensão dos problemas e da responsabilização das pessoas que são, de fato, responsáveis por eles. Pressão essa que se exerce por meio dos diversos atores da sociedade civil organizada: advogados, associações civis, movimentos, associações de juízes, partidos políticos etc.

Desde a reforma, com a Emenda Constitucional 45/2004, o Poder Judiciário vive um momento importantíssimo. Um momento de reflexão, de construção de alternativas e de mudanças que são lentas como uma tartaruga. Podemos perceber, contudo, que a tartaruga se move. Há algum tempo a Associação dos Magistrados do Brasil — AMB e as demais associações de magistrados estão em plena campanha pela eleição direta das mesas diretoras dos tribunais. Dois Tribunais Regionais do Trabalho — TRTs, dos estados do Rio de Janeiro e Espírito Santo, já instituíram a eleição direita em seus regimentos internos. Não esperaram a modificação na Constituição nem nas leis, deram o pontapé inicial, na vanguarda da democratização interna deste que se é o mais fechado dos poderes da República é também o menos democrático.

Democratizar internamente o Poder Judiciário significa maior participação de mais pessoas no gerenciamento dos recursos, na escolha dos caminhos e das opções pela melhor forma de prestar a jurisdição. Significa que os juízes terão a responsabilidade de eleger o presidente e o vice-presidente dos tribunais. Essa eleição já acontece, mas votam apenas os desembargadores, os juízes de segundo grau. Não é dado voto aos juízes de primeiro grau. Isso afasta os juízes da administração e gestão dos problemas do Poder Judiciário. Imagine o juiz de uma pequena cidade do interior que não dispõe de servidores nem de recursos materiais suficientes, como computadores, acesso a internet, móveis e outros equipamentos. Como esse juiz será ouvido?

A democratização do Poder Judiciário traria dois benefícios imediatos: de um lado serviria para contrabalançar a influência que a esfera política exerce sobre o Poder Judiciário. Influência essa que, como já disse, é uma instância de legitimação e não deve ser extirpada, mas, sim, contrabalançada para se evitarem excessos. De outro lado, possibilitaria que os problemas vividos pelos juízes de primeiro grau, na base da pirâmide, onde as queixas, lamentos e necessidades dos jurisdicionados são mais ouvidos e mais prementes, onde a sede e fome de justiça são sentidas com maior intensidade, chegassem às esferas mais altas, onde as decisões que impactam essas pessoas são tomadas.

Há muitos anos o tema vem sendo discutido e é cada vez mais clara a necessidade de maior participação dos juízes de primeiro grau na gestão do Poder Judiciário. O próprio CNJ aprovou medidas nesse sentido, instituindo, por exemplo, a obrigatoriedade de comissão de orçamento e comissão de segurança com participação de juízes em todos os tribunais. Mas, a melhor forma de aumentar essa participação seria, sem nenhuma dúvida, a democracia interna.

A democracia interna do Poder Judiciário valeria por toda uma reforma. Seria capaz de modificar as estruturas e o modo de gerenciar e pensar o Poder Judiciário, mas tem uma grande opositora: a concentração de poder. Todos têm medo de perder o poder. Alguns temem que o Poder Judiciário fique dividido em partidos, em grupos, em clãs que lutariam por poder e mais poder. Precisamos ver as coisas como elas realmente são, de modo objetivo, se queremos propor soluções efetivas. Essas divisões já existem.

Os juízes se juntam, de acordo com sua visão da magistratura, ao redor de grupos, mais ou menos homogêneos, grupos que representam ideias, diferentes modos de entender o papel do Poder Judiciário na sociedade, diferentes modos de fazê-lo evoluir e atuar como agente de mudança ou de estabilização. Nada há de errado nisso. Em qualquer lugar que haja um grupamento humano, haverá grupos e ideias contrapostas, discussões que devem ser estimuladas de modo transparente para que sejamos capazes de escolher os melhores caminhos. O único equívoco parece ser concentrar o poder nas mãos de poucos, impedindo que as discussões frutifiquem de modo mais transparente e que mais pessoas possam contribuir com a gestão dos modos de administrar a Justiça.

É importante dizer que, enquanto a democracia não vem, as associações de juízes exercem uma importante função do debate de ideias e nas propostas para um Poder Judiciário mais efetivo. Politicamente falando, podemos dizer que há, no Poder Judiciário, duas frentes de batalha. Os juízes mais vanguardistas normalmente são mais ligados ao movimento associativo, às associações de juízes; os mais conversadores e reverentes ao poder dos tribunais, preferem atuar mais discretamente, formando grupos em torno dos desembargadores e ministros.

Todos têm ideias e, de algum modo, procuram influenciar a política interna, política no sentido de políticas públicas do Poder Judiciário, escolhas de metas, caminhos e estratégias. Acompanhando o movimento associativo, de um lado, e os grupos que se formam em torno de desembargadores e ministros, do outro, podemos ver que há divergências internas importantes no Poder Judiciário sobre os mais variados assuntos. E isso é bom. Melhor seria se essas divergências pudessem ser trabalhadas de modo mais transparente, com a participação do maior número de magistrados. Teríamos um sistema de Justiça mais forte.

De modo geral, ainda que todos sigam a Lei e a orientação dos tribunais, os juízes divergem quanto aos caminhos na busca pela efetividade, em temas que vão desde o crescimento do Poder Judiciário, a necessidade de contratar mais juízes e servidores, a quantidade de servidores e recursos materiais necessários para fazer frente ao respectivo número de processos a cargo de um juiz, os critérios para promoção por merecimento, até temas como inovações na legislação que permitam combate mais efetivo à corrupção, penas mais severas, processos mais rápidos. É importante dizer que grande parte das inovações legislativas dos últimos anos, como os juizados especiais federais, a lei de lavagem de dinheiro, a possibilidade de interceptação telefônica e delação premiada etc., nasceram como resultado dessas discussões e disputas. Em grande parte devido a atuações das associações de juízes e grupos de juízes, desembargadores e ministros.

Alguns argumentam que a democratização interna acabaria por politizar o Poder Judiciário. Aristóteles responderia, com um sorriso irônico: mas, o homem é um animal político, como o juiz não seria? O que é vedado e deve ser evitado pelos juízes é a política partidária, a relação estreita com políticos, o compromisso com programas ou ideias partidários. É isso que é proibido aos juízes. A Política, com p maiúsculo, esta é natural ao ser o humano e acontece, ainda que inconscientemente, na maior parte das vezes conscientemente, no pequeno grupo familiar, no grande grupo familiar, na escola, no clube, na faculdade, em todo e qualquer ambiente onde homens e mulheres precisem traçar caminhos, distribuir tarefas, dividir recursos e atingir objetivos.

Neste sentido, os juízes são políticos e praticam política todos os dias, a boa política, a política que faz possível a convivência e nos amalgama em torno de objetivos e estratégias comuns. Os tribunais todos já praticam essa política, mas limitam o poder aos juízes de segundo grau. Permitir a contribuição dos juízes de primeiro grau engrandeceria o processo e aprimoraria a gestão, na medida em que mais pessoas poderiam contribuir e se envolver para a consecução de objetivos que, de resto, são de todos e não apenas dos juízes de segundo grau.

Os Juízes preguiçosos

"Chamo de preguiçoso o homem que podia estar melhor empregado."

Sócrates

A principal queixa da sociedade em relação ao poder judiciário é a lentidão. Muitos dizem que os juízes são preguiçosos, trabalham pouco e ganham muito. Por isso os processos não andam. Como acontece com a maioria das opiniões do senso comum, essa aqui parece ter algum fundo de verdade. A formulação do argumento, contudo, é muito mal feita. O argumento diz o seguinte: a Justiça é lenta porque os juízes trabalham pouco. Vejamos mais de perto esse argumento e o que ele tem de verdadeiro.

Como já deixei claro, este não é um livro acadêmico nem científico, mas pretende oferecer argumentos racionais. Os argumentos racionais devem ser fundados em evidências científicas, dados objetivos. É chato desfazer a noção geral que a maioria das pessoas tem acerca do funcionamento da Justiça. Sempre é muito difícil ir contra o senso comum. Mas, se não formos rigorosos, se não procurarmos ver além dos nossos preconceitos e prejuízos, não conseguiremos enxergar a realidade como ela é.

É verdade que os juízes trabalham pouco? Sim, é verdade que alguns juízes são preguiçosos e trabalham pouco. Em todas as profissões há pessoas preguiçosas, pessoas que não estão preocupadas com a qualidade e o resultado de seu trabalho, pessoas displicentes. No poder judiciário não é diferente. Há juízes e servidores desidiosos. Agora preste atenção. Este livro é sobre os problemas do sistema brasileiro de Justiça. É correto afirmar que a justiça não funciona porque os juízes são preguiçosos ou porque os juízes trabalham pouco? Eis a questão que importa.

Como já vimos, os números mostram que os juízes brasileiros estão entre os mais produtivos do mundo. Segundo dados produzidos pelo Conselho Nacional de Justiça, no ano de 2017, por exemplo, os juízes brasileiros solucionaram, em média, cada um, 1.819 casos. Em média, são solucionados definitivamente 4,98 casos por cada juiz em atividade no Brasil em cada um dos 365 dias do ano. Considerando que há casos bem complexos, como os crimes do Mensalão ou da operação Lava Jato, homicídios, falências e questões contratuais complexas, esse é número bastante significativo. Não se pode dizer que a preguiça dos juízes é a causa da lentidão ou do mau funcionamento da Justiça sem refutar esses dados com base em algum parâmetro objetivo.

A verdade é que o sistema judicial brasileiro é bastante ineficiente, mas os juízes aparentemente não são. Como assim? A eficiência e a capacidade de trabalho dos juízes é medida pela quantidade de decisões que eles são capazes de proferir em determinado tempo. A quantidade de casos solucionados por cada juiz por uma unidade de tempo. Cada juiz soluciona, em média, 1.810 casos por ano, são aproximadamente 4,98 casos por dia, considerando que o juiz trabalha 365 dias por ano. Esse é um número respeitável por qualquer ângulo que se observe. Contudo, não é suficiente para se afirmar que todos os casos são solucionados em tempo razoável.

Para que todos os casos fossem solucionados em tempo razoável seria necessário o dobro de juízes e servidores no Poder Judiciário, com o dobro de computadores, prédios e equipamentos. Portanto, seria necessário um volume de gastos enorme, considerando que já somos o Poder Judiciário mais caro do mundo. A verdade é que o sistema de justiça trabalha muito além de sua capacidade. Está claramente sobrecarregado.

O sistema produz mais casos novos do que os juízes têm condições de julgar. Isso acontece por dois motivos principais. De um lado, as consequências do descumprimento da Lei são brandas. Não há estímulos fortes o suficiente para que a Lei seja cumprida. De outro lado, como o volume de ações é muito grande e o sistema processual tem muitos recursos, os processos demoram muito para chegar ao final, o que torna a punição incerta. Tudo isso retroalimenta o sistema, fortalecendo o estímulo para que mais pessoas descumpram a Lei.

Para diminuir a sobrecarga do sistema é necessário, de um lado, tornar mais severas as consequências para aquelas pessoas que descumprem a lei e assegurar que, em caso de descumprimento, essas consequências sejam, de fato, aplicadas. De outro, é necessário diminuir o número de recursos, simplificar o sistema processual.

O descumprimento da Lei pode ser deixar de pagar uma dívida ou matar uma pessoa. Em praticamente todos os casos as punições são brandas e o sistema processual dificulta que as punições sejam aplicadas de modo eficaz, em tempo razoável. Nas partes seguintes deste livro analisaremos mais detalhadamente como isso se dá. Por ora, podemos adiantar que os juízes proferem milhões de decisões, mas solucionam apenas uma fração dos casos pendentes. Como há muitas possibilidades de recurso, são necessárias muitas decisões para solucionar um único e mesmo caso. Dou um exemplo.

Em maio de 2013, eu ingressei com uma ação nos juizados especiais federais de Fortaleza (CE) contra a União. União é o termo técnico jurídico para se referir ao governo federal. O caso era bastante simples. Eu pedia que a União (governo federal) me pagasse alguns valores que foram indevidamente suprimidos do meu contracheque. Já havia diversas outras decisões judiciais, em casos semelhantes, que me eram favoráveis. Os juizados especiais julgam apenas causas de menor complexidade e menor expressão econômica, cujo valor esteja limitado até 60 (sessenta) salários mínimos. O rito processual dos juizados, a possibilidade de recursos, os prazos, as formalidades são todas bastante simplificadas em comparação às ações que seguem o que chamamos de procedimento comum. Mesmo assim, como vocês verão, o exemplo é interessante para demonstrar a ineficiência do nosso sistema.

O juiz julgou o meu caso em julho de 2013, cerca de três meses após o ingresso da ação. A União apresentou recurso para a turma recursal, que é nome do órgão, composto por três juízes, que julga recursos contra as decisões proferidas nos juizados. O recurso foi julgado em outubro de 2013, cerca de três meses depois da sentença. A União apresentou novo recurso, para o Supremo Tribunal Federal. O presidente da turma recursal decidiu, então, que esse recurso não era cabível porque a matéria já havia sido decidida inúmeras vezes pelo próprio Supremo. A União, então, apresentou recurso contra a decisão do presidente da turma recursal, esse recurso chama-se agravo e é julgado diretamente pelo próprio Supremo Tribunal Federal.

No Supremo Tribunal Federal, o ministro Teori Zavascki, o mesmo que cuidava dos complexos processos da operação Lava Jato, decidiu a minha causa em novembro de 2015. Mais uma vez eu fui vencedor. Não sei se vocês estão acompanhando, mas até aqui temos quatro decisões em meu favor. Ainda não acabou. A União apresentou novo recurso contra a decisão do ministro Zavascki. Então, a 2ª turma do Supremo Tribunal, composta por cinco ministros, julgou novamente a questão em fevereiro de 2016. Mais uma vez eu ganhei a ação. Já temos cinco decisões para solucionar uma causa considerada de menor expressão econômica, sendo duas delas da mais alta corte do país.

Infelizmente, não é só. Além dos recursos, a União fez um outro pedido ao Supremo Tribunal para que a minha ação fosse julgada improcedente. Tecnicamente esse pedido chama-se reclamação e pode ser apresentada ao Supremo independentemente dos recursos. Ou seja, a mesma decisão pode ser questionada por diversos tipos de recursos e também pela reclamação, que não é propriamente um recurso, mas é como se fosse. A União fez uma reclamação no Supremo Tribunal contra o julgamento da minha causa em outubro de 2013. O ministro Gilmar Mendes rejeitou a reclamação e julgou mais uma vez favoravelmente a mim, em novembro de 2013. A União recorreu contra a decisão do ministro na reclamação. A segunda turma do Supremo Tribunal julgou novamente a questão em junho de 2014, mais uma vez dizendo que eu tinha razão.

Sendo assim, a Suprema Corte, o mais alto tribunal do país, decidiu o meu caso quatro vezes, duas no chamado recurso extraordinário e duas na chamada reclamação. Prestem bastante atenção! Essa é uma causa de menor complexidade e menor valor econômico. Ao todo foram seis decisões para que o caso fosse tido por solucionado. Nos processos comuns, quando os valores das causas são mais elevados, o número de recursos é ainda maior.

No nosso sistema processual, são necessárias muitas decisões, muitas horas de trabalho de diversos juízes e diversos graus de jurisdição para solucionar definitivamente um único caso. Os juízes produzem muitas decisões, mas essas decisões não resolvem nada porque contra elas o insatisfeito pode apresentar um ou mais de um recurso, o que torna necessário mais uma decisão, contra a qual se pode opor um novo recurso, o que tornará necessária uma nova decisão e assim por diante. O sistema é irracional e condenado à ineficiência.

O Brasil é um país engraçado. Quando temos um problema, é comum criarmos uma nova lei, na esperança de que ela seja capaz de, sozinha, solucionar o problema. Nem entendemos direito quais são as causas do problema, mas acreditamos firmemente que se uma lei disser que o problema deve ser resolvido, ele será, de algum modo mágico, resolvido. A lei funciona como um símbolo na vontade de resolver ou como um encantamento. Foi assim que a Emenda Constitucional 45, a da reforma do judiciário, acrescentou o inciso LXXVIII, ao art. 5º da Constituição da República para dizer que "a todos, no âmbito judicial e administrativo, são assegurados a razoável duração do processo e os meios que garantam a celeridade de sua tramitação". Criou-se, então, o princípio da razoável duração do processo. É como dizer: para acabar com a seca no Nordeste, as pedras agora serão água!

Estou exagerando um pouco para evidenciar o meu argumento. O princípio constitucional da razoável duração do processo é muito importante. Centenas de livros já foram escritos sobre ele desde a sua inclusão na Constituição. Poucos, todavia, abordam as causas do problema com base em dados estatísticos objetivos e apontam soluções factíveis. Precisamos saber com base em pesquisas e dados objetivos porque os processos demoram tanto. A minha hipótese é de que o sistema processual é ineficiente e caótico, o número de recursos é inaceitável. Todos os dados mostram isso. Gritam.

As soluções mais lembradas pelo senso comum para o problema da ineficiência do judiciário, contudo, envolvem (a) contratar mais juízes e servidores, aumentando a já imensa estrutura do Poder Judiciário; (b) punir com maior rigor os juízes desidiosos para que eles julguem mais rapidamente.

Temos o judiciário mais caro do mundo. Gastamos rios de dinheiro com juízes, servidores e a estrutura do poder judiciário. Contratar mais juízes e servidores seguramente fará com que as causas sejam julgadas mais rapidamente, mas pode simplesmente contribuir para estimular mais e mais demandas. É preciso encontrar o ponto de equilíbrio entre a demanda e a estrutura do Poder Judiciário. Esse equilíbrio depende de muitas variáveis importantes, não apenas do número de juízes e servidores.

Simplificar o sistema processual, fazendo com que os processos cheguem ao final em menor espaço de tempo, com menor número de decisões, e tornando as punições as mais efetivas, parece mais promissor que simplesmente aumentar a estrutura do poder judiciário. Reformar as leis, tornando as punições mais rigorosas, também.

Sim, os juízes preguiçosos e desidiosos precisam ser punidos. Muitos advogados reclamam que alguns juízes demoram muito a decidir, não estão presentes no fórum no horário do expediente, dificilmente atendem os advogados etc. O ideal seria que essas reclamações fossem documentadas com base em dados objetivos e encaminhadas às corregedorias, órgãos dos tribunais responsáveis por garantir que os juízes prestem um serviço adequado e punir os juízes desidiosos.

Muitas vezes, contudo os advogados têm receio de reclamar dos juízes e, posteriormente, serem perseguidos. Essa cultura precisa ser quebrada por meio da atuação rigorosa das corregedorias. É preciso dizer, por outro lado, que não é raro que alguns advogados reclamem dos serviços prestados pelo juiz, taxando-o de preguiçoso, por exemplo, simplesmente porque o juiz não atende aos seus pedidos. Há de tudo quando se trata de uma demanda processual importante. Como escapar desse jogo e verificar se o juiz está sendo desidioso ou está sendo indevidamente acusado pelo advogado? Parece que o melhor caminho é a coleta e registro rigoroso de dados estatísticos.

Outras soluções simples também parecem promissoras. Há algum tempo o Conselho Nacional de Justiça – CNJ coleta e divulga dados estatísticos de todas as unidades jurisdicionais. É possível saber quantas sentenças e quantas decisões cada juiz profere em determinado mês, por exemplo. É possível saber o tempo médio de tramitação de resposta aos pedidos dos advogados, o tempo médio de tramitação dos processos, e de que estrutura material e humana dispõe o juiz para desempenhar o seu trabalho. A divulgação desses indicadores, por si só, gera um tremendo efeito positivo, além de ser um instrumento de controle importante.

O Tribunal Regional Federal da 5ª Região há algum tempo divulga os dados estatísticos de seus juízes. Isso teve um relevante efeito positivo porque os advogados e os jurisdicionais podem acompanhar quais as melhores unidades, quais as mais eficientes, qual a média de julgamento, quais juízes estão muito abaixo ou muito acima da média. Com a divulgação desses dados, os próprios juízes exercem controle maior sobre a eficiência do seu trabalho e buscam seguir os exemplos de métodos de trabalho e procedimentos das unidades que estão apresentando melhores resultados.

Sou muito suspeito para falar, mas acredito sinceramente que o Tribunal Regional Federal da 5ª Região presta um serviço muito bom, até excelente. Digo isso com base nos dados divulgados periodicamente que mostram a quantidade de decisões proferidas por cada juiz e o tempo médio para proferir cada decisão. Esses números estão compatíveis com os números de países desenvolvidos. Ainda assim, os processos judiciais não são solucionados rapidamente.

Alguns tribunais, ao contrário do TRF5, apresentam inegáveis problemas de gestão. Não têm número suficiente de juízes e de servidores, a produtividade é baixa, os processos demoram ainda mais. O problema de gestão precisa ser atacado e é uma das causas para o mau funcionamento da Justiça. Mas é preciso esclarecer que, ainda que todos os tribunais do país tivessem os níveis de desempenho do Tribunal Regional Federal da 5ª Região, ainda assim não teríamos uma Justiça célere.

É preciso desestimular as demandas, fazendo com que as pessoas sejam cuidadosas no cumprimento da lei e simplificar o sistema processual.

Os bandidos de toga

"Infeliz da geração cujos juízes merecem ser julgados."

Talmude

Em setembro de 2011, a então corregedora-geral de Justiça, ministra Eliana Calmon, do Superior Tribunal de Justiça, em entrevista à Associação Paulista de Jornais — APJ disse que a magistratura *"está com gravíssimos problemas de infiltração de bandidos que estão escondidos atrás da toga"*. A declaração se deu no contexto de um julgamento, em curso no Supremo Tribunal Federal, que consistia em saber até onde vão os poderes do Conselho Nacional de Justiça — CNJ para investigar e punir os juízes.

As associações de juízes reagiram a essa declaração e o próprio CNJ, muito por insistência de seu então presidente, o ministro Cezar Peluso, do Supremo Tribunal Federal, emitiu uma nota de desagravo, lida na sessão do dia 27 de setembro, onde o CNJ repudiava *"veementemente acusações levianas e que sem identificar pessoas nem propiciar qualquer defesa lançam sem prova dúvidas sobre a honra de milhares de juízes que diariamente se dedicam ao ofício de julgar com imparcialidade e honestidade"*. A nota não citou o nome da ministra Eliana Calmon, que estava presente à sessão e escutou sua leitura. Foi um constrangimento só, que mostrou, mais uma vez, as divergências internas da magistratura, mesmo na mais alta cúpula.

Talvez não tenha havido uma discordância essencial entre a ministra Eliana Calmon e o ministro Cezar Peluso. O que parece ter incomodado aos juízes e ao presidente do Supremo Tribunal Federal (STF) e do Conselho Nacional de Justiça (CNJ) foi a generalização. Sem dúvida que há bandidos de toga, mas quantos são? Onde se escondem? Como são julgados e punidos? Os juízes talvez sejam os agentes públicos mais sujeitos a fiscalização e controle. Ainda assim, é difícil investigar e punir os juízes.

Todo o trabalho de um juiz se desenvolve em um processo, onde ele atua em estreito contato e sob a fiscalização de pelo menos dois advogados que representam as duas partes em conflito no processo judicial, a que faz o pedido e aquela contra quem se faz o pedido, o acusador e o defensor, o credor e devedor, o autor e o réu. Quando as partes em conflito e/ou os advogados não estão satisfeitos com a decisão do juiz, podem apresentar recursos para as instâncias superiores. Se o problema é de parcialidade, má-conduta, corrupção ou qualquer outro que viole os deveres funcionais do juiz, qualquer pessoa, além das partes e dos advogados, pode fazer representação contra o juiz para a corregedoria do tribunal ao qual o juiz se subordina ou diretamente para o Conselho Nacional de Justiça — CNJ.

É extremamente fácil fazer esse tipo de representação e há casos em que tais representações são feitas apenas como retaliação ao julgamento de uma causa contra os interesses de uma das partes, ainda que dentro do que determina a Lei. Quando grandes interesses estão envolvidos, tumultuar o processo com representações ou suspeições contra os juízes pode ser uma boa estratégia. Não duvido que algumas vezes seja utilizada.

Depois da criação do Conselho Nacional de Justiça — CNJ, qualquer pessoa pode fazer uma reclamação contra qualquer juiz, desembargador ou ministro. Os únicos juízes que não se submetem à investigação e julgamento pelo CNJ são os ministros do Supremo Tribunal Federal. Na página inicial do CNJ há um link para a ouvidoria, lá, de modo eletrônico e bastante simplificado é possível fazer qualquer espécie de queixa contra juízes, seja porque os julgamentos demoram, seja porque o juiz recebe dinheiro de uma das partes para beneficiar outra. Ainda assim, poucos juízes são punidos. Por quê?

O Brasil tem cerca de 18 mil juízes, sem contar os cargos vagos. O número total de cargos de juízes em todas as esferas do Poder Judiciário chega a mais de 22 mil. De 2007 a 2017, 118 foram instaurados pelo CNJ contra magistrados. Nesse período, 57 juízes foram aposentados compulsoriamente, 11 receberam a pena de censura, 7 a de disponibilidade, 5, a de advertência e 4 foram removidos compulsoriamente, isto é, foram transferidos do local onde prestavam a jurisdição. Essas são as punições previstas na Lei Orgânica da Magistratura

Nacional – LOMAN. Foram punidos, no total, 84 juízes; outros 26 foram absolvidos. Além desses, há os juízes que são punidos pelas corregedorias dos respectivos tribunais aos quais se subordinam.

Esses números podem estar a indicar quatro coisas. Ou o número de bandidos de toga não é tão grande quanto normalmente se imagina. Ou é pequeno o número de reclamações e denúncias contra juízes. Ou os órgãos de controle são ineficientes. Ou é um pouco de tudo isso. Na verdade, pela fiscalização a que estão sujeitos, seja dos advogados, defensores e membros do Ministério Público que atuam nos processos, seja das corregedorias, seja do próprio CNJ, os juízes não têm o ambiente mais propício para praticarem atos ilícitos.

Temos motivos para acreditar que o número de reclamações e denúncias contra os juízes seja menor que o que seria normal em um sistema mais efetivo de investigação e punição, mas é difícil supor que isso afetaria muito o número total de punições e, por isso, o número de bandidos de toga estaria exageradamente subestimado. Quando as denúncias demoram para serem apuradas e aquele que pratica a irregularidade acaba não sendo punido, ou não sendo punido como deveria, há um desestimulo a que novas denúncias sejam feitas. Partes e advogados têm medo de oferecer as denúncias, não haver punição e ainda ficarem nas mãos de um juiz desonesto e, agora, descontente com a denúncia oferecida. Isso pode ser lastimável para o julgamento da causa.

Quando as denúncias são apuradas e as punições são implementadas em prazo razoável e de modo efetivo, aumenta a credibilidade no sistema e o número de denúncias aumenta. Podemos observar que, desde a criação do CNJ, a credibilidade no sistema de punição aumentou. Pode ainda não ser o ideal, mas temos que convir que aumentou, aumentando também o estímulo para que novas denúncias e reclamações sejam feitas. Mesmo assim, o número de processos contra juízes no CNJ e o número de punições é proporcionalmente baixo.

Também parece certo que o sistema de punição e investigação contra juízes ainda é bastante ineficiente. Mas, como veremos nas partes III e IV deste livro, isso é verdade não apenas com relação aos juízes, mas com relação a todos aqueles que descumprem a Lei, seja aquele que não paga uma dívida, seja o criminoso comum ou, sobretudo, o criminoso de colarinho branco.

De todo modo, ainda que tivéssemos um sistema de punição altamente eficiente gerando grande estímulo às denúncias e reclamações contra juízes, não parece razoável supor que as punições aumentassem, digamos, 5 vezes. Ainda assim, se partíssemos da hipótese de as punições aumentariam 5 vezes, teríamos 420 juízes punidos em 10 anos, o que representaria cerca de 2,3% de todos os juízes do Brasil punidos em 10 anos. Não temos dados para fazer uma comparação estatística, mas esse número não parece diferente do que se poderia encontrar como índice de bandidagem nas demais profissões. Talvez seja até mais baixo. O fato é que a corrupção não parece ser a principal causa pela qual o Poder Judiciário tem pouca credibilidade entre os brasileiros, o problema gerencial e a efetividade na prestação jurisdicional, como veremos nas partes III e IV, parecem ser problemas de maior impacto.

Isso não significa dizer que os juízes que cometem crimes não devam ser exemplarmente punidos. Os crimes cometidos por juízes no exercício do cargo devem ser punidos de modo mais severo e drástico que os mesmos crimes cometidos por outras pessoas porque o juiz exerce uma posição de salvaguarda dos direitos. Na maioria das vezes, é a última esperança daqueles que tiverem seus direitos violados. Sendo assim, o prejuízo que a conduta desonesta do juiz pode causar é bem maior do que o prejuízo que outra conduta desonesta causaria. E por que é difícil punir os juízes? Basicamente porque, no Brasil, é difícil punir qualquer pessoa que descumpra a Lei. A nossa sociedade, infelizmente, não tem compromisso com a punição e com o rápido restabelecimento dos direitos ofendidos. Isso ficará mais claro nas partes III e IV.

Uma última palavra acerca de uma questão que é muito mal compreendida. Diz-se sempre que a maior punição a que os juízes estão sujeitos é a aposentadoria. Isso não é verdade. Os juízes podem perder o cargo nas infrações mais graves. O fato é que, para que perca o cargo, a Lei exige que uma sentença judicial seja proferida contra o juiz, em um processo judicial, com todas as garantias asseguradas a qualquer acusado. Por quê? Para evitar que o juiz perca o cargo em virtude de uma perseguição injusta, por ter ofendido, com suas decisões, interesses poderosos, por exemplo.

Mas os processos das corregedorias e do CNJ não são processos judiciais? Tecnicamente não, porque nesses processos o mesmo órgão que acusa é também o órgão que faz o julgamento. Nesses casos, as corregedorias, que compõem os tribunais e o CNJ, acusam e os próprios tribunais ou o próprio CNJ julgam. Isso pode afetar a imparcialidade do julgamento. É por isso que, nesses casos, a pena máxima permitida é a aposentadoria, mas, nesses casos, as ações judiciais podem e devem ser propostas pelo Ministério Público para que os juízes punidos percam os cargos. Outro ponto, é que, mesmo perdendo o cargo, a Lei não autoriza que o juiz perca as contribuições que verteu para o sistema de previdência. Aliás, nenhum criminoso, ao ser condenado, perde as contribuições regularmente efetuadas para o sistema de previdência, seja público ou privado.

O problema é que a lei brasileira e o modo como está estruturado o nosso sistema de justiça dificultam muito a punição de quaisquer criminosos, inclusive dos juízes. Veremos como isso se dá.

PARTE III

A centopeia preguiçosa

O fraco poder dos juízes

> "É belo ser-se justo. Mas a verdadeira justiça não permanece sentada diante da sua balança, a ver os pratos a oscilar. Ela julga e executa a sentença."
>
> *Romain Rolland*

Há muitos anos se fala em crise do Poder Judiciário. Uma crise sem fim e sem tamanho. Muitos problemas de causas e soluções diferentes são abrangidos pela expressão "crise do Poder Judiciário", problemas esses que, muitas vezes, têm origens em estruturas políticas anacrônicas e na ineficiência dos Poderes Legislativo e Executivo. Por isso é importante saber o que é o Poder Judiciário, o que ele pode fazer e o que ele não pode fazer.

A maioria das pessoas não sabe o que é o Poder Judiciário nem para que ele serve. Têm uma vaga e distante ideia. Desconfiam. Mas não sabem. Alguns acreditam que juiz e promotor fazem parte da mesma carreira, ou que o juiz manda na polícia, ou que o juiz pode tudo, como, por exemplo, não receber os recursos e encerrar um julgamento sem obedecer aos prazos definidos em Lei. Nada disso corresponde à realidade.

Em primeiro lugar, deve-se entender que o juiz está submetido às leis aprovadas pelo Congresso Nacional. O juiz não pode aplicar penas severas se a lei prevê penas brandas, nem pode prender quando a lei manda soltar. Os recursos que podem ser opostos contra uma decisão judicial também não são escolhidos pelo juiz, são previstos em Lei. O Poder Judiciário não pode nem mesmo enviar ao Congresso Nacional projetos de lei para alterar a lei processual, diminuindo o número de recursos, por exemplo. Os prazos processuais, o tempo que se espera para que alguém responda a uma acusação ou para que alguém recorra de uma decisão até que ela possa cumprida, também seguem o que está previsto na Lei. Sendo assim, ainda que o juiz queira, não pode praticar um ato judicial em menos tempo do que a Lei concede às partes. É claro que o juiz tem o poder de interpretar a lei e, nesse ponto, tem alguma liberdade, mas sua liberdade não vai ao ponto de dar uma interpretação obviamente contrária à lei.

Na verdade, mesmo a ordem do juiz tem força bastante limitada. Na maioria das vezes, o único instrumento que tem o juiz para forçar o cumprimento de uma ordem judicial é a aplicação de multas. E se o destinatário da ordem judicial não pagar as multas? Se a pessoa não tem dinheiro para pagar as multas ou atua de modo a ocultar os bens com que poderia pagar a multa, a ordem se torna pouco ameaçadora. Quase sempre, na prática, não acontece nada. Por quê? Por que a lei brasileira não confere poderes aos juízes.

O segundo ponto que gera razoável número de mal entendidos é a imparcialidade. De modo geral, as pessoas não se dão conta de que o juiz tem o dever de imparcialidade. O juiz não pode ficar nem do lado da acusação nem do lado da defesa, não pode ficar nem do lado do credor nem do lado do devedor. Em suma, o juiz deve manter uma posição de distância daqueles que litigam, ou melhor, de equidistância, deve ficar igualmente distante da acusação e da defesa, do credor e do devedor. O juiz não tem compromisso nem com a punição nem com a absolvição dos acusados, mas sim com a Justiça.

No processo criminal, por exemplo, temos, de um lado, o Ministério Público, representado pelo promotor de justiça ou pelo procurador da República, que pede a condenação do acusado com base nas provas coligidas pela investigação policial. Do outro lado, temos o acusado que vai se defender em juízo, questionar a validade das provas e a interpretação que será dada à lei. Os advogados do acusado sempre vão tentar aplicar a lei mais branda. Pois bem, o juiz apenas decidirá quem está com a razão. Jamais o juiz pode investigar ou produzir provas contra o réu, essa é a função da polícia e dos promotores. Também não pode produzir provas a favor dos réus.

No Brasil, os casos mais rumorosos são noticiados ora com enfoque na atuação do juiz, ora com enfoque na atuação de outros atores processuais, como os promotores de justiça ou procuradores da República, ou até, com enfoque na atuação da polícia. Diz-se "o juiz condenou", "o juiz absolveu", "o juiz entendeu que não havia crime", "o juiz soltou", "o juiz prendeu", o que, em parte, é correto; mas também se diz "o juiz responsável pela investigação", "o promotor determinou o afastamento", "o delegado autorizou a quebra de sigilo", "a polícia quebrou o sigilo" etc., o que não é correto.

Somente o juiz pode determinar constrições à liberdade de alguém, como prisões ou quebras de sigilo fiscal e telefônico, monitoramento de dados etc. Mas estas determinações não são feitas da cabeça do juiz sem mais o quê, são feitas porque alguém pediu e devem estar fundamentadas em provas suficientes. Se não houver pedido, o juiz não pode determinar estas medidas. Se não há provas, o pedido deve ser negado. Nesse caso, o juiz serve para garantir que o direito das pessoas não seja violado, a não ser que haja indícios capazes de autorizar a restrição da liberdade ou dos direitos da privacidade, por exemplo. Quando o juiz condena, condena porque encontrou provas suficientes para condenar. Na maioria das vezes, quando o juiz absolve, absolve porque o promotor de justiça não conseguiu apresentar provas suficientes para a condenação.

É preciso que a imprensa e a comunidade acadêmica, enfim, a sociedade civil como um todo, avaliem com isenção o trabalho da polícia, dos promotores, dos advogados e dos juízes todas as vezes em que alguém é absolvido e há um inconformismo popular, ou sempre que alguém é condenado e há uma irresignação da sociedade. É preciso conhecer, ainda que superficialmente, os motivos do julgamento. Na maioria das vezes, contudo, pouco se pergunta ou se comenta sobre os motivos da condenação ou da absolvição, sobre as provas e argumentos apresentados pela acusação e pela defesa. É impossível verdadeiramente fiscalizar o trabalho do juiz, do promotor e da polícia se não houver uma análise mínima da prova e das razões do julgamento. Nossa sociedade, ao contrário de países mais desenvolvidos, ainda não amadureceu neste ponto. É para possibilitar essa análise pela sociedade que os julgamentos são públicos e que as decisões devem estar obrigatoriamente fundamentadas.

Quando um político corrupto escapa impune do processo judicial, fala-se que a Justiça não funciona. Quando um assassino rico é absolvido, culpa-se o juiz, fala-se indistintamente da crise do Poder Judiciário. A absolvição, contudo, pode ter tido origem na leniência e ineficácia dos juízes, que demoraram muito para julgar a causa; na fraca produção de provas pela polícia e pelo Ministério Público; na ausência de leis que permitam a punição do ato praticado ou, ainda, na real inocência do acusado. Tudo isso se mistura e, quando misturamos tudo, fica difícil compreender qual o ingrediente que, de fato, está faltando. A absolvição, assim como a condenação, também pode ter origem na parcialidade, na corrupção dos juízes ou até em questões políticas. Como saber? A maneira mais eficaz de fiscalizar os juízes é expor as razões de decidir e cobrar coerência das decisões. O debate em torno dos argumentos tem que ser aberto a toda a sociedade.

Nos últimos anos, a sociedade brasileira assistiu com muita atenção ao julgamento de casos rumorosos, julgamentos capazes de elevar a audiência da TV Justiça durante as sessões do Supremo Tribunal Federal a níveis recordes porque envolviam uma de nossas maiores chagas: a corrupção do sistema político partidário. Estou falando do julgamento do Mensalão e das ações penais que se originaram de investigações da polícia federal, como as chamadas operação Castelo de Areia, operação Satiagraha e operação Lava Jato. Esses julgamentos provocaram e provocam comoção não apenas na comunidade jurídica, mas também na esfera política.

Viu-se de tudo na imprensa e nas redes sociais: diversos veículos de comunicação envolveram-se acusando-se mutuamente de parcialidade na cobertura do julgamento; as pessoas se envolveram acusando os julgadores de parcialidade seja em favor da defesa, seja em favor da acusação. Normalmente, posições eram assumidas muito mais de acordo com o viés ideológico de quem era contra ou a favor da decisão que com base em críticas sólidas aos argumentos das decisões. Os juízes não estão autorizados a julgar com argumentos políticos. Os argumentos dos juízes devem ser jurídicos e fundados na existência ou na ausência de provas, na força das provas e na interpretação da Lei. A análise objetiva dos argumentos da decisão põe a nu o julgamento, expõe a fragilidade dos argumentos e obriga os juízes a prestar contas de sua atuação.

Infelizmente a cobertura jornalística não se dedica aos argumentos da decisão com o mesmo empenho que o faz às repercussões políticas do julgamento. Isso pode dar uma imagem equivocada dos julgadores, isentando-os de responsabilidade ou atribuindo-lhes uma responsabilidade que não se pode exigir deles. Sem dúvida, a análise dos argumentos exige algum preparo dos jornalistas, assessoria especializada e algum investimento que permita traduzir os muitas vezes obscuros termos jurídicos em linguagem corrente. Mas tudo isso é um investimento bastante módico frente aos ganhos de transparência e *accountability*.

Assim como não acusa, o juiz não cobra dívidas. É o credor quem cobra as dívidas e pede ao juiz que, observadas certas regras, penhore e venda os bens do devedor para o pagamento do crédito. O ônus de procurar esses bens, pedir a penhora, investigar se o devedor está fraudando a execução ou ocultando patrimônio para escapar da execução é do credor e não do Poder Judiciário. O juiz não pode penhorar bens sem pedido do credor, isso quebraria sua imparcialidade. O juiz também não pode procurar os bens que o devedor esconde no nome de outras pessoas ou até no exterior.

O Poder Judiciário é apenas um dos três poderes da República, ao lado do Legislativo e do Executivo. O Poder Judiciário abrange os juízes de primeiro grau, os juízes de segundo grau, chamados desembargadores, e os juízes dos Tribunais Superiores, chamados ministros. O Poder Executivo é o responsável pelas polícias e pelos órgãos de fiscalização em geral. O Poder Legislativo é o responsável pelas leis do país. O Poder Judiciário é responsável por solucionar conflitos entre duas ou mais partes, aplicando as leis aprovadas pelos legisladores. O mais importante: sempre alguém deve apresentar e pedir que os juízes solucionem o conflito.

O Poder Judiciário não tem ingerência, nem nenhum poder de controle direito, sobre a polícia, sobre os presídios ou sobre o Ministério Público, também não tem nenhum poder sobre os advogados. Essa falsa e equivocada atribuição de poderes aos juízes produz uma distorção na análise das causas no mau funcionamento da Justiça. Enquanto responsabilizamos o Poder Judiciário por muitas das mazelas, exculpamos os verdadeiros responsáveis. Por outro lado, os juízes acabam não prestando contas do que mais importa: os argumentos utilizados em suas decisões. São esses argumentos que permitem saber se a decisão foi justa ou injusta, se está ou não de acordo com a Lei, se os comportamentos que tais decisões estimulam na sociedade são desejáveis ou indesejáveis. Então não se faz uma verdadeira prestação de contas. *Accountability*.

Um exemplo muito claro da dissociação entre cobrança social, de um lado, e responsabilidades, do outro, é a administração das prisões no Brasil. Os presídios brasileiros são motivo de vergonha em todos os órgãos internacionais de proteção dos direitos humanos. As condições são péssimas. A superlotação é uma tônica. Os presos morrem e são mortos todos os dias. Além disso, muitos presídios são dominados por gangues ou facções do crime organizado. Já não é novidade que uma parcela considerável do crime organizado é controlada de dentro dos presídios. Pois bem. Os presídios são administrados pelo Poder Executivo. São os governadores de Estado e os secretários de segurança quem administram e gerem o sistema prisional brasileiro, a não ser os presídios federais que ficam a cargo da União, portanto, do presidente da República e do ministro da Justiça. São os secretários de segurança, por exemplo, que nomeiam os diretores dos presídios. Todavia, os juízes são responsáveis pela execução da pena, devem garantir aos presos as condições estabelecidas em Lei para o cumprimento das penas, inclusive progressão de regime etc. Além disso, os juízes são responsáveis por fiscalizar (correicionar) os presídios.

É fácil perceber que o sistema é esquizofrênico. Atribui responsabilidade sem dar meios para que as responsabilidades sejam cumpridas. Os juízes fiscalizam o cumprimento das penas e os presídios, mas não têm instrumento para melhorar a situação das penitenciárias. Os juízes não podem mandar construir presídios, não nomeiam os diretores dos presídios, não administram os presídios. A missão dos juízes é e deve ser, apenas e tão-somente, julgar. Mas, como são responsáveis pela condenação e pela execução da pena dos condenados, os juízes ficam entre a cruz e a caldeirinha. Ao mesmo tempo em que são responsáveis pela prisão do condenado e pelas boas condições de cumprimento das penas, não têm nenhum poder para melhorar a condição dos presídios.

No sistema processual acontece algo parecido. Os juízes são cobrados para julgar as causas em prazo razoável. Sempre se aponta a lentidão como um dos principais problemas do Poder Judiciário, mas os juízes não definem prazos, procedimentos nem número de recursos possíveis. Os procedimentos, prazos, recursos possíveis, tudo isso é definido em Lei e está fora do alcance dos juízes.

De modo geral, entendemos por mau funcionamento da Justiça o não cumprimento das leis ou a impunidade daqueles que descumpriram a Lei. Muitas vezes as leis não são cumpridas porque não há fiscalização ou policiamento adequado. De outro lado, para que haja punição de quem descumpriu a Lei é preciso que haja investigação, provas e acusação suficientes. Chamo fiscalizar ou policiar a atividade que identifica aquele que não cumpre a lei, investiga-o, produz provas do não cumprimento e, eventualmente, aplica penas, como as multas de trânsito, por exemplo. Não é o Poder Judiciário que fiscaliza o cumprimento ou o descumprimento da lei. Nos casos mais graves é a polícia e outros órgãos de fiscalização, normalmente ligados ao Poder Executivo, que fazem isso. Nos casos menos grave, são os próprios particulares que fazem isso, como no caso de descumprimento contratual, por exemplo.

Verificado o descumprimento da lei, os órgãos de fiscalização e controle ou os particulares podem pedir ao Poder Judiciário que restaure a lei, forçando o seu cumprimento ou aplicando penas, punições, indenizações etc. A função do Poder Judiciário, portanto do juiz, é julgar conflitos com uma postura absolutamente isenta e imparcial. Esse é o fundamento básico sobre o qual se assenta o Poder Judiciário em todo o mundo ocidental civilizado. Dessa regra decorrem outras duas, igualmente importantes:

1. O juiz nunca atua movido por seu próprio interesse. O juiz também não defende o interesse de qualquer das partes envolvidas no conflito. O interesse do juiz é aplicar a lei feita pelos legisladores de modo isento. Muitas vezes, sequer, o juiz concorda com a solução dada pela lei, mas está obrigado a aplicá-la. Nada pode ser mais doloroso para um juiz, por exemplo, que condenar uma mãe que ainda amamenta

à pena de prisão ou determinar o despejo de uma família. Em todo o caso, está obrigado a cumprir a lei.

2. O juiz sempre está vinculado a um pedido feito por alguém envolvido em um conflito. Isso quer dizer que, na quase totalidade dos casos, nenhuma medida que o juiz adote pode ser tomada sem que haja um pedido prévio e expresso de uma das partes envolvidas no conflito. Nenhum juiz pode sair dando ordens para que seja feito isso ou aquilo sem que tenha havido um pedido formal e tenha sido dada oportunidade de defesa à pessoa que sofrerá as consequências da ordem judicial.

As pessoas, meio brincando meio sério, algumas vezes me questionem sobre um problema da cidade: e aquele esgoto vazando bem na rua onde você passa todos os dias? Por que não manda consertar? E o caso de corrupção noticiado ontem à noite? Vão investigar? É claro que, como juiz, eu não poderia fazer isso. Fiscalizar é competência dos órgãos de controle. Se o juiz adotasse qualquer medida sem que alguém pedisse formalmente, estaria quebrada sua imparcialidade.

É comum as pessoas confundirem as coisas. Certa vez, recebi uma senhora no fórum. Eu imaginava, como é comum, que ela me procurava acerca de um processo pendente de julgamento, que pediria celeridade no julgamento ou coisa que o valha. Era fisioterapeuta, uma pessoa com bom grau de instrução, discurso articulado. Com olhos azuis marejados, relatou-me que seu pai tinha câncer, precisava de um medicamento caro, que eles não tinham condições de pagar e não era fornecido pelo SUS. Pedia-me para que eu intercedesse em favor dela, resolvesse a questão e fizesse justiça. Eu não sabia se ela não entendia o papel do juiz, ou se entendia, mas resolveu arriscar uma medida desesperada. Expliquei que não podia ajudar, pelo menos não daquela maneira. Ela precisava procurar um advogado e fazer um pedido formal ao juiz, no caso, a mim. Na petição (é assim que se chama a carta dirigida ao juiz contendo o pedido), ela deveria descrever os motivos que amparavam sua solicitação e apresentar suas provas.

Além disso, disse a ela que eu não poderia determinar que o governo concedesse o medicamento antes de ouvir os órgãos responsáveis e permitir que eles também produzissem prova. Só depois disso eu poderia dizer se o seu pai teria direito ao medicamento. Ela ficou um pouco decepcionada, talvez acreditasse que o juiz poderia resolver tudo como num passe de mágica. Ela não tinha dinheiro para pagar um advogado. Expliquei-lhe que havia a defensoria pública ou que eu poderia nomear-lhe um advogado dativo (um advogado que trabalha de graça, por nomeação do juiz, mas não é o defensor público). Expliquei-lhe ainda que o juiz não é o chefe do defensor público nem do advogado dativo nem tem qualquer poder sobre eles.

A defensoria pública, que é um órgão do Poder Executivo, tem suas regras próprias de atendimento. Aliás, em muitos Estados, a estrutura da defensoria pública é tão precária que os defensores são obrigados a escolher e filtrar os casos em que atuarão. São muitas pessoas carentes precisando de advogado e poucos defensores. As pessoas são selecionadas de acordo com a renda familiar ou de acordo com o tipo de demanda. Algumas vezes, por exemplo, a defensoria só atende casos em que estão ameaçadas a vida ou a liberdade das pessoas.

Foi então que me lembrei da palestra de um ministro do Superior Tribunal de Justiça que eu assistira ainda na época da faculdade. O ministro resumiu muito bem essa falsa percepção sobre os poderes dos juízes: "bem que eu gostaria de ter a metade do poder que um cabo, no interior do meu estado, pensa que tem".

Códigos, folhas velhas e poeira

"Quando vou a um país, não examino se há boas leis, mas se as que lá existem são executadas, pois boas leis há por toda a parte".

Barão de Montesquieu

Passei minha infância e adolescência em uma pequena cidade no interior do Ceará, que é 5º Estado mais pobre do Brasil, considerando o PIB *per capita*. Meu pai era advogado e meu avô procurador de justiça. Eu gostava de matemática e sempre quis ser cientista. Lembro-me das vezes que meu pai trazia processos para casa. O processo é um amontoado de folhas, muitas folhas, colecionadas em uma ou muitas pastas. As folhas são mantidas juntas por grampos que atravessam os papeis em dois furos dispostos no centro da lateral esquerda das folhas. Normalmente as folhas são muito velhas, empoeiradas e documentam os diversos atos processuais. Cada processo tem um número.

É absolutamente aterrador o primeiro contato de alguém com um processo. Quando são muito velhas, algumas folhas ficam meio soltas e você tem medo de perdê-las. Ler um processo é uma verdadeira arte. Não há índice. E, no meio de tantas folhas, às vezes é difícil encontrar aquela que corresponde ao ato processual que, de fato, interessa.

Eu não gostava de processos.

Minha casa tinha muitos livros jurídicos. Esses livros não contam nenhuma história, falam de coisas esquisitas como usucapião, prescrição, aluvião, alienação fiduciária e outras palavras que nunca ouvimos ou lemos, a não ser nesses ditos livros. Os piores livros jurídicos são os códigos. Os códigos são uma coleção de leis e as leis são uma experiência textual e linguística muito estranha. As leis são organizadas em artigos, parágrafos, incisos, alíneas, mas também em títulos, capítulos. Para quem olha aquilo pela primeira vez é mais que confuso.

Enquanto criança eu tinha a certeza de uma coisa: não queria estudar Direito. Tudo, menos Direito. Na minha cabeça, seria preciso decorar aquele monte de leis e quando eu perguntava ao meu pai o que estuda quem estuda Direito, na esperança de que ele me desse uma esperança de algo verdadeiramente interessante, ele me respondia: as leis do país.

Na minha casa, o respeito à lei era algo muito sério. Na adolescência eu tinha alguns amigos, com idade entre 14 e 16 anos, que já dirigiam. Então, eu pedia ao meu pai para que ele me ensinasse a dirigir, ao que ele me respondia: a lei não permite, somente com 18 anos! Era uma resposta taxativa que não deixava margem a questionamento e me levou a acreditar que a lei bastava para impedir ou condicionar comportamentos. Mas, se a lei não permite, como meus amigos dirigiam?

Demorou muitos anos para que eu percebesse de modo claro que a maioria das leis não é cumprida espontaneamente por grande parte das pessoas. Há um grande número de gente dedicado a fazer o que lei não permite ou a não fazer o que a lei manda fazer. Demorou mais tempo ainda para que eu me desse conta de que isso é relativamente normal. Espera-se que toda lei seja parcialmente descumprida por parte das pessoas. O desafio do Direito é estimular o cumprimento da lei. Como? Por meio de fiscalização e punição.

No Brasil, vende-se a ilusão de que novas leis, sobretudo leis mais rigorosas, poderão modificar o comportamento das pessoas. Violência nos estádios? Vamos fazer uma nova lei. Embriaguez no trânsito? Uma lei mais dura. Tráfico? Maior punição aos envolvidos. O irônico é que as leis brasileiras, de modo geral, são muito boas. O problema é que não são cumpridas.

É necessário um aparato estatal razoavelmente grande, bem preparado e bem estruturado para fiscalizar o cumprimento das leis e punir de modo rápido e eficaz aqueles que a descumprem, de modo a estimular o cumprimento espontâneo por parte de todas as outras pessoas. Quanto menor a fiscalização e punição, mais a lei é livremente infringida, até ficar desacreditada.

Depois de muitos anos, fui juiz na mesma cidade em que fui adolescente. O trânsito é fiscalizado pelo município. Muitas pessoas dirigem sem habilitação, sobretudo motos. É muito frequente que os motoqueiros circulem também sem capacete. A fiscalização é pouca ou nenhuma. Pode-se notar um certo receio dos guardas de trânsito em multar os aliados mais próximos do prefeito. Não sei se, de fato, há algum favorecimento. Pode ser impressão minha ou apenas um padrão cultural.

O fato é que a lei não é aplicada como deveria ser. Em onze anos, de 2001 a 2011, o número de mortos em acidentes de trânsito com motos no Brasil aumentou cerca de 263%, segundo o Sistema de Informações de Mortalidade – SIM, do Ministério da Saúde. Em 2011, 42.425 pessoas morreram vítimas de acidentes de trânsito, desse total, 11.268 foram vítimas de acidentes com motos. Não temos dados para afirmar em que medida o número total de mortes deve-se ao não uso de capacete, mas há uma relação clara entre o cumprimento da lei, o número de mortes e o número de processos.

Boa parte desses acidentes transformam-se em processos judiciais com pedidos de indenização, pedidos de pensão por morte etc. Esses processos podem demorar muito. Aos poucos se transformam em um amontoado de folhas velhas, poeira e ressentimento das pessoas ofendidas. Às vezes, temos a impressão de que os processos são meticulosamente pensados pra jamais terminar, como um caminho cujo horizonte se afasta quanto mais chegamos perto dele. Ou como uma centopeia preguiçosa.

A centopeia preguiçosa

"Está na hora de acabar com a hipocrisia e o cinismo. Será que realmente se quer acabar com a morosidade da Justiça? Porque ela tem sido ruim para uns, mas boa para outros".

Carmem Lúcia Antunes Rocha,
ministra do Supremo Tribunal Federal

Está claro que o juiz só tem poder quando decide uma controvérsia e que essa controvérsia deve ser apresentada por alguém que faz ao juiz um pedido formal. Pois bem. A decisão da controvérsia acontece sempre no processo judicial. Todo pedido apresentado por alguém ao juiz faz nascer um processo judicial.

O processo judicial é um jogo que tem sempre, pelo menos, dois jogadores. Um dos jogadores faz um pedido ao juiz contra o outro jogador. Aquele que pede é chamado autor da ação. Aquele contra quem é feito o pedido chama-se réu, quer se trate de uma ação civil ou de uma ação criminal chama-se réu.

Tomemos o exemplo de uma ação de indenização por danos. João pede que Inês pague a ele o valor de R$

15.000,00 (quinze mil reais) porque ela bateu na sua moto e ele, que estava sem capacete, ficou gravemente ferido. Nesse caso, João é o autor e Inês é a ré. O dever de provar é quase sempre do autor, assim, João deverá provar ao juiz que Inês provocou o prejuízo e foi culpada por isso.

Outro exemplo. O Ministério Público pede a condenação de Fulano à prisão de vinte anos por ter matado Beltrano. Nesse caso, o Ministério Público é o autor da ação penal e Fulano é o réu. A regra do jogo é a lei processual, neste último caso, a lei processual penal. Fulano vai utilizar todas as possibilidades que a lei permite para atrasar a sentença. Se tiver um bom advogado, vai utilizar todos os recursos para evitar a decisão final. Tentará escapar da condenação, evitando, de todos os modos, que o Ministério Público prove que ele cometeu o crime.

Muitas vezes os criminosos não são condenados porque a polícia e o Ministério Público não conseguem provar a prática do crime, não conseguem apresentar indícios suficientes de que Fulano matou Beltrano.

O juiz conduz o processo segundo a lei processual e, no final, decidirá se o Ministério Público conseguiu provar que um crime foi cometido e se quem cometeu o crime foi de fato Fulano. Nesse caso, o juiz também aplicará a pena prevista na lei. O juiz não pode aplicar qualquer pena, mas a pena estabelecida dentro dos limites traçados pela lei aprovada pelos parlamentares. Algumas vezes, a lei estabelece penas muito pequenas para crimes graves, mas o juiz não pode aplicar penas maiores, deve seguir o que a lei dispõe.

No Brasil, o processo parece feito para não terminar jamais. Os advogados, os professores, os estudantes de Direito, todos parecem gostar muito do processo, dos atos processuais, mas ninguém quer saber de resultados. Todos parecem temer o final da partida e uma decisão final. Todo mundo quer uma segunda, uma terceira e uma quarta chances, é preciso sempre um novo julgamento, e, se da segunda vez não der certo, ainda um outro e outro. Ao todo, o sistema de julgamentos no Brasil conta com pelo menos 4 instâncias, ou 4 graus de julgamento. Há o primeiro grau, que são os juízes, o segundo grau, que são os desembargadores, nos tribunais. Há o terceiro grau, que são os ministros, nos tribunais superiores. Há o quarto grau, que são os ministros, no Supremo Tribunal Federal. A mesma causa pode ser julgada sob diferentes prismas pelo menos quatro vezes.

As possibilidades de recurso são ainda mais abrangentes porque, em cada grau de jurisdição, pode ser apresentado mais de um recurso. No processo civil, por exemplo, cada decisão judicial pode ser objeto de pelo menos 14 recursos, mas esse número pode ser bem maior, a depender do desdobramento da ação. Não quero cansar o atento e destemido leitor, mas pode ser divertido desfiar apenas alguns dos possíveis recursos que poderão desafiar uma sentença. Ei-los: embargos de declaração, apelação, agravo, agravo regimental, embargos de declaração, embargos infringentes, novos embargos de declaração, recurso especial, agravo de novo, agravo regimental de novo, embargos de declaração outra vez, recurso extraordinário, agravo mais uma vez, agravo regimental de novo, embargos de declaração ainda outra vez. A sentença é apenas uma de muitas decisões que podem ter lugar no mesmo processo judicial, é uma das mais importantes porque é o julgamento final da causa no primeiro grau, mas qualquer outra decisão judicial estará sujeita a aproximado número de recursos.

Normalmente pensamos que a demora no julgamento dos processos é algo ruim. Na verdade, a lentidão da justiça não é ruim para todo mundo. Para muita gente, a lentidão da justiça é um excelente negócio. A função do Poder Judiciário é restaurar a Justiça, fazendo com que quem não cumpriu a Lei a cumpra ou seja punido pelo descumprimento. Pois bem, a demora do processo é boa para quem não cumpre a Lei. De modo geral, isso representa cerca de 30% de todas as pessoas que litigam em um processo judicial. Metade das pessoas são aquelas que se dizem ofendidas ou prejudicadas pelo descumprimento da Lei. A outra metade são aquelas pessoas acusadas de terem descumprido a Lei. Se considerarmos que nem sempre as pessoas acusadas de descumprirem a Lei de fato descumpriram a Lei, temos mais ou menos 30% das pessoas que descumpriram a Lei e são beneficiadas pela demora do processo.

No Brasil, pelo menos uma parte dos advogados é estimulada a pensar, com razão, que a melhor forma de contrato é aquela que remunera o seu trabalho pelo tempo. Quanto mais tempo demorar o processo, mais dinheiro ganha o advogado. Imagine que você é devedor e não tem dinheiro ou não quer pagar uma dívida. O que você faz? Não paga. Espera que a dívida lhe seja cobrada na Justiça. Então você contrata um advogado e traça uma estratégia para que o processo demore o maior tempo possível. No Brasil, essa é uma boa estratégia porque o custo do processo para o devedor é muito baixo. Se o devedor fosse obrigado a pagar e tivesse que pedir dinheiro emprestado no mercado financeiro, ele gastaria muito mais! Cerca de 5 vezes mais!

E quando a cobrança envolve bens mais relevantes como a casa própria? Imagine que você não pagou a hipoteca e está sendo despejado. Então você entra na Justiça e questiona o seu contrato de financiamento habitacional. Enquanto isso, você se mantém no imóvel. É uma boa e legítima estratégia, no nosso sistema legal. A Lei não oferece mecanismos para desestimular essa prática. Nesses casos, os advogados cobram uma pequena quantia todos os meses até que o processo seja concluído. Solucionar rapidamente a questão passa a ser um péssimo negócio. Imagine que você é advogado e tenha 100 clientes nessa situação, se de cada um deles você cobrar R$ 100,00 por mês, garante um bom salário mensal. Os advogados não devem ser criticados por isso, eles simplesmente respondem a um estímulo da Lei e defendem seus clientes da melhor maneira que podem.

O jogo é jogado conforme as regras. O erro está nas regras. É preciso criar regras processuais que desestimulem esse tipo de conduta e encareçam o processo para quem, no fundo no fundo, ou depois de consultar um bom advogado, sabe que tem grandes chances de perder o litígio. As pessoas precisam ser responsabilizadas pelas escolhas que fazem no processo judicial. Todavia, no Brasil, a defesa é vista como um direito quase absoluto, ainda quando quem se defende não tem direito algum. Há, então, uma inversão de valores e o Poder Judiciário e o processo passam a ser utilizados para que a Lei não seja aplicada.

Se conseguíssemos mudar as regras do jogo, o comportamento das pessoas mudaria. Ao invés de contratar advogados para simplesmente alongar o processo, os advogados seriam contratados para avaliar as chances de ganhar ou perder o litígio e diminuir os custos que a parte haveria de pagar ao final do julgamento. O problema é que, no nosso sistema, a melhor forma de diminuir custos é simplesmente alongando o processo judicial.

No Brasil, o processo judicial é muito anacrônico, baseia-se em fundamentos e práticas de 40 a 60 anos atrás. É como se, nos dias de hoje, nós fossemos obrigados a vestir as roupas e manter os hábitos e valores de nossos avós. O Poder Judiciário tem procurado implantar o processo judicial eletrônico, mas não dá para usar o WhatsApp ou o Facebook se continuarmos pensando como nossos avós. Se não mudarmos a lei e os procedimentos, simplesmente acabar com o papel não vai mudar muita coisa. Não adianta retirar o papel de cena, digitalizar e virtualizar todo o processo se os fundamentos e práticas do processo permanecerem as mesmas, atreladas a leis antigas.

Um novo Código de Processo Civil – CPC entrou em vigor há pouco tempo. O CPC é a regra do jogo, diz tudo acerca de como se deve jogar uma partida onde uma das partes pede que o juiz condene a outra a pagar ou fazer alguma coisa. O novo CPC inova em muitos pontos, mas não altera a essência de nosso sistema de justiça. O número de recursos ainda é enorme. O custo do processo é inacreditavelmente baixo para quem se aproveita dele para não cumprir a Lei. Os juízes continuam sem poderes para reprimir as chicanas processuais.

Para que se tenha uma ideia, o novo código traz uma regra surpreendente: assegura que ninguém será obrigado a produzir prova contra si mesmo. Essa regra inverte a regra processual da boa-fé. Quando duas pessoas entram em uma contenda judicial, presume-se que as duas estão de boa-fé e verdadeiramente têm dúvidas acerca do modo como aconteceram os fatos ou acerca do modo como a Lei deve ser interpretada. Sendo assim, todos os envolvidos no litígio devem trazer ao processo todas as provas que possam ajudar a esclarecer os fatos e indicar a melhor interpretação da Lei, ainda que essas provas sejam contrárias aos interesses de quem as apresentou. Esse deveria ser o dever de todo cidadão honesto: apresentar as provas mesmo que elas não lhe favoreçam porque, antes de ganhar a causa, é seu dever fazer com que a Lei seja aplicada de modo justo. Não se pode presumir que alguém queira escapar da aplicação da Lei utilizando-se, para isso, do processo judicial.

Com base nesse raciocínio, nos Estados Unidos é consagrado o dever de descobrimento. Isso quer dizer que as partes envolvidas no litígio têm o dever de mostrar à outra parte todas as provas que possam ajudar a esclarecer os fatos e resolver a causa, ainda que essas provas sejam contrárias aos interesses de quem as apresentou. As penas para o eventual descumprimento desse dever processual, o dever de descobrimento, são pesadíssimas e podem ser aplicadas pelo próprio juiz, de modo simples e rápido, seja contra as partes, seja contra os advogados. Pois bem. O novo CPC, ao contrário, consagra o direito de ocultar provas. Ninguém estará obrigado a apresentar provas se essas provas puderem prejudicar os interesses de quem as apresentou. É uma inversão da lógica do dever de descobrimento e uma inversão de valores. As pessoas parecem autorizadas a utilizar o processo de modo contrário à Justiça.

A sociedade cobra do Poder Judiciário maior celeridade e eficácia na solução dos processos judiciais. Essa tem sido a principal queixa de todo mundo no que se refere à Justiça brasileira. O problema é que para que se diminua o tempo de tramitação dos processos é necessário, entre outras coisas, diminuir os prazos processuais e o número de recursos admitidos. É bom lembrar que os juízes não definem as regras processuais. Essas regras são definidas pelos parlamentares. Conclusão: se atribui ao Poder Judiciário uma responsabilidade: julgar mais processos de modo mais célere e eficaz, mas não se dá ao Poder Judiciário os meios para fazer isso.

Quando se tenta reformar a lei processual no Brasil, há um lobby de boa parte dos advogados para que não haja diminuição do número de recursos nem encurtamento dos prazos processuais. Do ponto de vista dos advogados, pelo menos dos advogados que defendem quem não tem direito, quanto mais recursos, mais trabalho, melhor. Quanto maiores os prazos, mais tempo terão para apresentar suas razões e defesas, durante mais tempo os clientes terão que pagar pela prestação do serviço, melhor.

Ainda não conseguimos perceber que quanto mais rápido os processos judiciais forem resolvidos, mas rapidamente os advogados receberão seus honorários finais e estarão livres para contratar outros serviços. Por aqui, criou-se o mau hábito de adiar o desfecho das questões e alguns advogados aprenderam a ganhar dinheiro com esse sistema. É como uma partida de futebol, onde um dos times não quer que o jogo acabe e o juiz não pode apitar o final porque as regras são feitas pelos cartolas.

O processo no Brasil é como uma centopeia preguiçosa. Tem muitas pernas e anda devagar. A lei processual admite uma miríade de recursos. Isso atrasa a resolução dos conflitos. Nas causas cíveis, a nossa lei processual prevê pelo menos oito recursos. Todos esses recursos podem ser apresentados em um único processo; a depender do caso, podem ser apresentados tanto pelo autor e quanto pelo réu. Alguns desses recursos podem ser apresentados mais de uma vez ao longo do processo. Sendo assim, a depender do interesse das partes e dos advogados, os processos podem chegar a ter dez, quinze ou mais recursos. Além disso, é possível também apresentar recursos contra as decisões que julgam recursos.

O processo penal também tem muitos recursos. Além dos recursos, há o *habeas corpus* que não é propriamente um recurso, mas faz as vezes de um recurso e pode ser utilizado em quase todo e qualquer caso, irrestritamente, repetidas vezes. É como um coringa que pode ser apresentado em todas as rodadas sem limite de tempo. O *habeas corpus* é uma garantia importante, nasceu na Inglaterra, ainda no séc. XIII, mas em nenhum lugar do mundo é utilizado de modo tão abrangente como no Brasil.

É comum que réus economicamente poderosos que contam com a assessoria de muitos advogados utilizem em suas defesas dezenas, quiçá centenas, de *habeas corpus* questionando todos os atos e procedimentos do juiz com o claro objetivo de simplesmente tumultuar o processo. Os *habeas corpus* são pedidos apresentados nos tribunais contra os juízes, ou nos tribunais superiores contra os tribunais inferiores, assim sucessivamente. A cada novo habeas corpus, o juiz que teve seu ato questionado deve apresentar informações e justificativas para sua decisão. Em casos grandes, os advogados apresentam *habeas corpus* e mais *habeas corpus* e outros *habeas corpus* e mais e mais outros, obrigando os juízes a dedicarem grande parte de seu tempo a responderem todos esses *habeas corpus*. Isso, por si só, é um tremendo abuso do direito de defesa, tumultua o processo e dificulta o julgamento dos réus.

No processo penal a estratégia de defesa que consiste simplesmente em atrasar o andamento do processo é ainda mais promissora, já que, no Brasil, a simples passagem do tempo pode fazer com que alguém não seja punido. Se alguém comente um crime, mas demora muito para ser julgado, a pena não poderá mais ser aplicada, ainda que tenha sido considerado culpado. Chama-se a isso de prescrição da pena. Tudo isso pode parecer muito complicado e, de fato, o é, mas torna a vida de alguns bem mais fácil.

Os juristas e o mundo encantado das ideias

"Cinza, caro amigo, é toda teoria. E verde, a árvore dourada da vida."

Goethe, Mefistófeles, *"Fausto"*.

Platão foi o mais importante filósofo do mundo. Podemos mesmo afirmar que ele e Sócrates, de quem foi discípulo, fundaram a filosofia. Apesar de ter vivido entre os séculos V e IV a.C, Platão pensou em praticamente todas as questões filosóficas que ainda hoje nos atormentam. Um grande feito. Nos subúrbios de Atenas, ele criou uma instituição dedicada ao estudo e ao ensino dos temas que intrigavam os gregos, a Academia. Ainda hoje chamamos de academia a instituição dedicada ao estudo, à pesquisa e ao ensino, a universidade. Nossa academia, pelo menos no que diz com o estudo do Direito, ainda é bem platônica.

Segundo Platão, todos nós, humanos, vivemos como que presos em uma caverna e não temos acesso às coisas como realmente são. O mundo real (tal como é) fica do lado de fora da caverna, nós não o conhecemos. Tudo o que conhecemos são sombras do mundo real, projetadas na parede da caverna por uma fogueira que ilumina estátuas dos seres reais, como homens, casas, livros, cavalos, camelos e árvores. O que nós conseguimos ver são apenas essas sombras e não as coisas em si. Sombras de casas, de livros, de cavalos, de camelos e árvores. As casas, livros, cavalos, camelos e árvores estão fora da caverna e nós não temos acesso a elas. Tudo que vemos são as sombras, mas as sombras nos dão uma ideia do mundo como realmente é. Aliás, o mundo real é a própria ideia do que vemos. A ideia de casa, livro, cavalo, camelo e árvore é mais real que a própria casa, o próprio livro, o próprio cavalo, o próprio camelo e a própria árvore. O mundo das ideias é o real e está fora da caverna. O mundo real não pode ser acessado pelos sentidos, mas tão somente pelo intelecto. O que nós acessamos pelos sentidos são as sombras. Isso é o que se chama idealismo platônico.

O idealismo platônico influenciou a cultura ocidental em nível máximo. Somos todos mais ou menos idealistas graças a Platão e aos gregos. Procuramos respostas para nossos problemas na ideia pura, como se tudo fosse um problema matemático, como se simplesmente pensar sobre algo nos fizesse entender sua natureza mais íntima e descobrir soluções para problemas práticos.

Aristóteles foi discípulo de Platão e disputa com ele o lugar de maior filósofo da humanidade. Talvez Aristóteles seja maior na extensão do que pensou. Aristóteles pensou em tudo, escreveu sobre botânica e cosmologia, organizou as ciências, inaugurou a lógica, e ainda encontrou tempo para ensinar Alexandre, o Grande, o homem que conquistou e helenizou todo o mundo então conhecido. Contam que Aristóteles estava na varanda de sua casa refletindo sobre seus problemas filosóficos quando foi surpreendido por um grupo de homens que corria atrás de um ladrão. Quando ainda vinham chegando na varanda de Aristóteles, o grupo gritava para o filósofo:

— Pega ladrão! Pega ladrão!

O filósofo, absorvido em suas elucubrações, de modo bastante calmo, respondeu:

— Um ladrão! Mas o que é um ladrão? Enquanto Aristóteles pensava, completamente absorvido por essa questão, o ladrão escapou.

Para os gregos antigos a ideia das coisas, o modo como elas podiam ser apreendidas pelo intelecto, era mais importante que as coisas em si. Somente no século XVI, com Francis Bacon, o homem passou a observar a natureza em busca de respostas para suas perguntas. Bacon desejou reconstruir a obra de Aristóteles, pretendeu ser um novo Aristóteles. Ainda que sua obra não possa ser comparada à do grego em magnitude, Bacon introduziu uma virada importante. Bacon sugere uma inversão do método de pensar as questões filosóficas e científicas.

Enquanto Aristóteles, influenciado por Platão, advogava um método que partia da ideia para chegar às conclusões, chamado método dedutivo, Bacon propõe o método oposto. Para Bacon, quando se investiga qualquer questão, devemos primeiro observar a realidade e, a partir da realidade, construir as ideias, as leis da física, da química etc. A ciência moderna baseia-se no método indutivo de Bacon, embora não possa dispensar o raciocínio dedutivo de Aristóteles. Mais importante que as ideias abstratas são as coisas em si e o modo como elas se apresentavam aos sentidos, projetadas na parede da caverna. Os gregos desconfiavam do sentido e confiavam no intelecto. Bacon propõe um retorno à realidade tal qual apresentada pelos sentidos para entendermos o mundo. São duas visões importantes que nos ajudam a encontrar soluções e caminhos para os nossos problemas.

Na Idade Média, apegados ao modo de pensar grego, os juristas escolásticos discutiam entre si qual o destino mais justo da herança. Deveria ir para o primogênito? Deveria ser dividida em igualdade de condições entre todos os filhos? Deveria ser destinada ao Estado? A pergunta não era feita como fazemos hoje, tendo por base as consequências de cada uma dessas opções e a finalidade social da herança. Como a riqueza se distribui melhor? Como se assegura o progresso econômico da sociedade? Não. Ao invés disso, eles procuravam saber, com base na ideia pura, o que é uma herança. Segundo a ordem natural do mundo, tal qual Deus o fez, para quem deve ser destinada a herança?

Modernamente analisamos a mesma questão sob um enfoque completamente diverso. Há alguns anos foi publicado um livro que causou grande alvoroço na economia mundial: *O Capital no Século XXI*. Nesse livro, Thomas Piketty analisa o problema das heranças e a concentração de renda, mas sob um enfoque inteiramente diverso: quais as consequências da concentração de renda sobre a economia? O que determina a concentração de renda? Como poderíamos tributar da melhor forma as heranças para propiciar o melhor proveito econômico para todos? Piketty baseia-se não em ideias abstratas, mas em dados coletados ao longo dos últimos duzentos anos. A resposta ao problema funda-se na análise do real, tal qual aparece aos sentidos e não na análise das ideias. Os sentidos podem nos enganar, mas o intelecto também.

Os juristas brasileiros ainda estão muito mais próximos do idealismo grego que do empirismo baconiano. Somos capazes de escrever bibliotecas inteiras acerca da *natureza jurídica dos recursos* ou sobre o *princípio da ampla defesa*, tentaremos com todas nossas forças buscar os vestígios mais antigos dessas ideias, esclareceremos como elas se formaram, como devem ser compreendidas e utilizadas. Nos esforçaremos ao máximo para dizer, com precisão, o que é *o devido processo legal* e listaremos formas e mais formas necessárias para que seja protegido. Poucos juristas brasileiros, contudo, estarão preocupados em investigar que recursos financeiros e materiais são necessários para julgar os processos em razoável tempo. São acadêmicos no sentido platônico.

Quantos juízes e servidores precisamos para julgar todos os recursos previstos em tempo razoável? Qual modelo de disputa judicial assegura o direito de defesa ao menor custo? Poucos se preocupam com essas questões. A nossa lei processual, a lei que estabelece as regras de qualquer disputa judicial, é feita no mundo encantado das ideias. A lei é absolutamente maravilhosa, assegura todos os direitos, prevê todos os recursos. Todos têm tempo suficiente para falar e produzir as provas que desejar. O juiz não precisa de muitos poderes porque as partes são quase sempre bem intencionadas e contribuem para a adequada solução do litígio. Nos comportamos como um arquiteto que projeta uma linda casa. A casa ideal. Mas não nos preocupamos com a exequibilidade do projeto nem se haverá recursos e técnicas disponíveis para a construção. Projetamos lajes retorcidas em grandes vãos sem sustentação, usinas elevadas, ambientes climatizados e todas as comodidades imagináveis. Ninguém pergunta: temos dinheiro para pagar? Podemos fazer isso?

Todo jurista brasileiro, em algum momento, se vê enfeitiçado pelo processo, é capturado em maior ou menor grau pelo fetiche do processo, uma coisa misteriosa e inexplicável, ou melhor, que se explica em grande parte por nossa academia e por nossa tradição formalista lusitana. Adoramos a forma. Adoramos de tal modo a forma que não nos importa a finalidade, a essência, o conteúdo ou o resultado. A forma nos basta e vivemos no mundo da forma. No mundo das ideias.

Então passamos a discutir os institutos processuais, os recursos, os prazos, os atos processuais, os incidentes processuais, as partes do processo, os direitos e garantias das partes no processo. Bibliotecas inteiras são escritas sobre o processo, milhares de artigos científicos. Ficamos encantados com o processo e nos esquecemos de visualizar os conflitos por trás dos processos, os dramas vividos, as pessoas que tiveram seus direitos violados, as vítimas que aguardam alguma reparação e os criminosos que merecem punição. Esquecemo-nos de dar respostas rápidas às pessoas que buscam por Justiça.

Não são só os juízes que esquecem, os advogados são pagos para esquecer e muitos parlamentares jamais querem lembrar-se disso, preferem viver no mundo da forma e esquecer que punição e responsabilidade podem ser bem reais. Segundo levantamento do jornal O Estado de São Paulo, publicado em novembro de 2018, 160 deputados e 38 senadores eleitos para a legislatura 2019-2022 são acusados por crimes de corrupção, lavagem, assédio sexual e estelionato ou são réus em ações de improbidade administrativa com danos ao erário e enriquecimento ilícito. São 198 deputados e senadores que respondem a 540 acusações criminais ou de improbidade. É legítimo supor que pelo menos esses parlamentares não tenham nenhum interesse em tornar o processo mais célere.

Os juízes, advogados, os parlamentares e, sobretudo, os juristas e estudiosos do direito processual, deveriam se preocupar em responder a uma questão bastante simples: quais regras devem ser observadas para assegurar de um lado que o processo possibilite o julgamento mais rápido possível e, de outro, que as partes tenham seus direitos respeitados, o direito de se defender e ser ouvido, o direito de ser informado dos atos processuais e o direito de participar da produção da prova? Essa é a questão.

Devido a essa tradição formalista, que herdamos em parte dos gregos, em parte do Império português, os estudiosos do direito não se preocupam muito com a realidade nem com os efeitos de uma dada lei processual sobre a realidade, sobre o tempo do processo, por exemplo. Na verdade, os estudiosos do direito não se preocupam muito em como a lei deveria ser feita para que os resultados fossem melhores, para que o tempo do processo fosse menor, sempre estão mais preocupados em como se deve aplicar uma lei já existente do que em criar leis mais eficazes de acordo com as necessidades do mundo real.

Além disso, temos outra característica trágica: quando se trata de fazer leis e como o papel aceita tudo, sonhamos. Cuidamos de fazer a lei mais bonita, a mais avançada, garantimos direitos, criamos órgãos, mecanismos, formas de execução da pena que, muitas vezes, não existem nem nos países ricos. Fazemos isso mesmo que, ao fim a ao cabo, não seja possível aplicar a lei por falta de recursos financeiros ou por outras questões práticas. A aplicação da lei? Ora, a aplicação da lei. O que importa para nós é que ela preveja tudo de bom, ainda que tudo isso fique só no papel.

Os Estados Unidos encontram uma solução bastante prática para a questão: boa parte das regras processuais das cortes americanas é feita pelas próprias cortes e não pelo parlamento. Cada corte tem seu código processual. O raciocínio para agirem assim é elementar e fundamenta-se na noção de *accountability* (uma vez mais ela) e na doutrina dos poderes implícitos. Como a Constituição americana deu ao Poder Judiciário o poder-dever de julgar e decidir os conflitos, deu a ele também, ainda que implicitamente, o poder de estabelecer as regras para o julgamento das causas (regras processuais). O Poder Judiciário é quem será responsabilizado pelo atraso ou ineficácia no julgamento das demandas, sendo assim, é o Poder Judiciário que deve estabelecer as regras que possibilitarão um julgamento célere e eficaz. Entre nós, o Judiciário é responsabilizado pela demora na solução dos litígios, mas não tem o poder de estabelecer as regras processuais.

No Brasil, conseguimos em grande parte modernizar o processo para as causas de pequeno valor. Os juizados especiais têm um procedimento próprio, bem mais simplificado, a possibilidade e o número de recursos são bastantes reduzidos. Em algumas unidades dos juizados especiais as causas são julgadas em 4 a 6 meses, em outras, infelizmente, mesmo o rito mais simplificado não conseguiu trazer muitas mudanças porque faltam estrutura física e recursos humanos, o número de juízes é insuficiente.

O nosso amor pelas formas e pelo processo, contudo, é invencível. Ainda que tenha o rito bastante simplificado, conseguimos que os juizados especiais federais tenham seis instâncias recusais, ao contrário das quatro normalmente existentes. As ações judiciais podem passar ordinariamente por quatro instâncias: são decididas pelos juízes, no primeiro grau; pelos tribunais, no segundo grau; pelos tribunais superiores, no terceiro grau; e pelo Supremo Tribunal Federal, no quarto e último grau. Pois nos juizados especiais federais, responsáveis pelo julgamento das causas mais simples, as ações judiciais podem passar por seis instâncias: são decididas pelos juízes, no primeiro grau; pelas turmas recursais, no segundo grau; pelas turmas regionais de uniformização, no terceiro grau; pela Turma Nacional de Uniformização, no quarto grau. E ainda podem chegar ao Superior Tribunal de Justiça, quinto grau; e no Supremo Tribunal Federal, sexto grau. É quase inacreditável. Em cada uma dessas instâncias o julgamento da causa pode demorar de 6 meses a 3 anos.

Advogados: indispensáveis, essenciais

"Se somos mais espertos que o nosso advogado, é porque escolhemos o advogado errado".

George Elliot

O advogado é indispensável à administração da Justiça. Assim diz a Constituição. De fato, o é. É muito difícil julgar processos onde as partes atuam sem advogados. No sistema processual brasileiro, em pouquíssimos casos o cidadão pode, ele mesmo, defender seus direitos em juízo sem ser representado por um advogado. Isso é bom. Deve ser assim. Sem o conhecimento técnico de um profissional qualificado as pessoas ficariam indefesas. Por outro lado, o juiz não poderia suprir a ausência do advogado. Isso porque o juiz tem o dever de imparcialidade, deve preservar-se neutro tanto quanto possível. Como é imparcial, não pode atuar, como o advogado, a favor ou contrariamente a qualquer das partes.

Se uma das partes não tem advogado, em um primeiro momento o juiz é tentado a analisar argumentos que não foram trazidos, pedir, ele mesmo, provas que não foram requeridas. Tudo de modo a suprir a deficiência técnica da parte que atua sem assistência do advogado. No final, quase sempre há alguma deficiência que não poderá ser suprida pelo juiz. Além disso, o processo tende a demorar mais porque, sem a técnica adequada, é mais difícil definir os pontos controvertidos da causa sob apreciação judicial, é mais difícil apresentar e chamar atenção para os argumentos mais importantes; e é mais difícil evitar as armadilhas e erros que podem terminar por invalidar o processo. É como um jogo de futebol entre profissionais e amadores que não conhecem direito as regras do jogo, onde o juiz precisasse parar a partida a toda hora para ensinar ou advertir alguma coisa aos amadores. Sem advogado, as pessoas não sabem avaliar ao certo o risco de suas decisões processuais. Por isso a Lei só admite que as pessoas litiguem em juízo sem a assistência de um advogado nos casos mais simples, quando normalmente não haverá grandes prejuízos para quem dispensou a assistência jurídica.

No Brasil, a entidade que congrega todos os advogados do país e regulamenta a profissão, a Ordem dos Advogados do Brasil – OAB é uma instituição de grande prestígio social e político. Os advogados conquistaram um espaço importante na vida política da nação graças a uma longa história de luta pela defesa das liberdades civis, dos direitos humanos, da liberdade, do regime democrático. A OAB teve papel fundamental na redemocratização do país e na elaboração da Constituição de 1988. A OAB é uma sentinela dos direitos individuais.

Os advogados são essenciais ao sistema de justiça. Sejam advogados públicos ou privados, procuradores, defensores, o certo é que sem advogados não se faz Justiça. A própria decisão judicial, podemos dizer, é fruto do trabalho do advogado. Não existiria processo, nem sentença, nem ordem judicial, sem advogados. Sendo assim, quando falamos em crise do sistema de justiça, quando falamos em ineficiência do Poder Judiciário, os advogados, assim como os juízes, fazem parte do problema e da solução. O caminho para a efetividade do Poder Judiciário passa pelos advogados e não pode se desviar deles. Não adianta dar voltas. Qualquer análise do Poder Judiciário que não leve em conta os advogados é incompleta.

O papel do advogado é defender os direitos de seu cliente de modo a evitar a violação desses direitos ou a promover a restauração dos direitos violados. Ainda quando defende um réu que confessou a prática de um crime, o advogado é importante para assegurar que o processo seja justo e para garantir que a Lei seja corretamente aplicada. Junto com os juízes, os advogados promovem a pacificação social.

O advogado deveria atuar segundo regras de conduta muito rígidas. Essas regras de conduta são, ou deveriam ser, estabelecidas pela Lei. Assim como os juízes, não deve pairar dúvidas sobre a atuação do advogado. Como a mulher de César, além de ser honesto, o advogado deve parecer honesto. O advogado deve sempre guiar-se pelos princípios da retidão moral e do cumprimento da Lei. Como muitas vezes defende quem não tem direito ou quem não tem um direito tão bom, o advogado está constantemente andando sobre o fio da navalha. De um lado, a retidão moral e o cumprimento da Lei; do outro, a defesa dos interesses do cliente, que nem sempre agiu com retidão moral e com respeito à Lei. O desafio do advogado é defender o cliente sem deixar ele mesmo se contaminar por uma eventual ofensa à Lei. O advogado pode defender quem ofendeu a Lei, mas não pode ele mesmo ofendê-la, caso contrário, transformar-se-ia em cúmplice do seu cliente, praticando ele mesmo um crime.

A atuação dos advogados se dá de acordo com a Lei e segundo um sistema normativo que estimula alguns comportamentos e inibem outros. A pergunta central aqui é a seguinte: que estímulos o nosso sistema legal dá para a atuação do advogado? De que modo deve atuar o advogado para ter sucesso, considerando os estímulos que são dados pelas nossas leis?

O nosso sistema processual tem algumas características importantes que afetam o comportamento dos advogados e impactam o andamento do processo. Em primeiro lugar, os juízes não podem sancionar ou punir os advogados por atos ilícitos praticados no curso no processo. Se o advogado infringiu um dever processual ou adotou uma conduta incompatível com a Lei, o juiz não pode, ele mesmo, censurá-lo e puni-lo imediatamente, como acontece em outros países. No Brasil, o juiz pode apenas encaminhar o caso para a OAB que decidirá sobre eventual pena a ser aplicada ao advogado. Nos Estados Unidos, por exemplo, qualquer ofensa ou desrespeito aos juízes ou tribunais, pode ser imediatamente sancionado pelo próprio juiz, por meio de um instituto conhecido como *contempt of court*, isto é, ofensa à corte. A ofensa à corte tem um espectro bastante amplo. Pode caracterizar *contempt of court* desde o modo de vestir do advogado, até o descumprimento da ordem judicial, passando pelo uso de palavras ou expressões ofensivas.

No Brasil, o controle do juiz sobre os atos do advogado é bem menor. Embora as partes representadas em juízo possam ser elas mesmas sancionadas, os advogados não podem. Por vezes, isso estimula uma conduta um pouco mais ousada dos advogados na defesa dos interesses dos seus clientes. Quando está em jogo o pagamento de uma dívida ou a condenação por um crime, o advogado pode adotar como estratégia o prolongamento do processo. Quanto mais demorado, melhor. Para isso pode usar diversos expedientes que estão no limite da legalidade, sem que o juiz possa sancionar o comportamento abusivo. Há um excesso de direito de defesa. E o processo demora mais tempo do que seria razoável.

Se você é advogado, caro leitor, e está defendendo alguém que tem grandes chances de ser condenado ao pagamento de uma dívida ou de uma indenização, o nosso sistema legal passa a seguinte mensagem: uma boa estratégia será prolongar o processo tanto quanto possível, de modo que, como o passar do tempo, (a) a dívida torne-se mais barata, (b) o seu cliente consiga um acordo para baratear a dívida, (c) o seu cliente consiga juntar o dinheiro para pagar a dívida; ou (d) o seu cliente consiga ocultar os bens de modo a não pagar a dívida. Todas essas condutas, a exceção da última, são amplamente admitidas. Com relação à última, claro que os bons advogados não orientarão os seus clientes a como ocultar bens, mas alguns são capazes de aprender sozinhos.

Se, por outro lado, você está advogando para alguém que tem grandes chances de ser condenado por um crime, a estratégia será alongar o processo tanto quanto possível, de modo que, com o passar do tempo, (a) o crime esteja prescrito e a pena não possa mais ser aplicada; (b) o seu cliente esteja tão velho que se aproveitará de um regime prisional mais benéfico; ou (c) o seu cliente morra antes de a pena poder ser aplicada. Esses casos são todos admitidos e até estimulados pelo sistema legal brasileiro. Assim, o bom advogado é aquele que entra como todos os recursos possíveis e imagináveis e procura a todo custo anular provas e procedimentos. A propósito, no Brasil é muito fácil anular o processo penal. Qualquer mínima falha é capaz de por todo o trabalho da polícia, do Ministério Público e do juiz de primeiro grau por água abaixo.

É claro que aqui não vai nenhuma crítica aos advogados. Eles se comportam conforme os estímulos da lei. São as regras do jogo. E muitos advogados jogam bem, segundo as regras em vigor. Se eu fosse um advogado, eu faria exatamente o mesmo. O problema é que nossas leis processuais são edificadas em cima de premissas absolutamente equivocadas. Não há qualquer previsão do abuso do direito de defesa. Não há previsão de penalidades contra os advogados que apresentam excessos de recursos. O legislador parece partir do pressuposto que não existirá o abuso. Ora, o que ocorre é exatamente o contrário. Se estiver dentro dos limites do que é permitido por pela Lei — e, nesse caso, os limites são bastante elásticos — é claro que os advogados devem e irão utilizar todas as manobras que possam beneficiar seus clientes. Mas, para garantir direito de defesa a alguém, as leis não precisariam ser tão flexíveis e elásticas a ponto de permitir condutas que contrariam a noção geral de Justiça.

O resultado disso é que, no Brasil, o bom advogado de um devedor é aquele que consegue prolongar o processo por anos a fio. Quanto mais tempo durar o processo, melhor o advogado. O bom advogado de um criminoso é aquele que consegue fazer o processo penal durar o mais possível, se possível até anulando as provas colhidas para que tudo seja feito e refeito para que o processo se prolongue pelo maior tempo possível, de forma que, do decurso do tempo possa advir algum benefício para o réu.

Precisamos mudar o paradigma. Se o nosso sistema processual punisse o abuso de defesa, o abuso de recursos, ao invés de estimulá-las, como o faz, o bom advogado seria aquele capaz de orientar o devedor sobre os riscos da demanda. "Sr. Cliente, muito provavelmente o senhor perderá a causa. Quanto mais tempo durar, mais o senhor irá pagar. A dívida ficará imensa. Oriento-lhe a fazer um bom acordo agora, no começo do processo". Esse tipo de solução restauraria a Justiça com rapidez e seria bom para todo mundo: para o credor, que receberia rapidamente o seu crédito; para o advogado, que seria reconhecido como bom advogado por seus conselhos técnicos e por ter livrado o cliente de um prejuízo maior no futuro; para o devedor, que pagaria mais rapidamente a dívida e se livraria do processo. Seria bom, sobretudo, para o sistema de Justiça como um todo, pois desestimularia a violação da Lei e desafogaria do Judiciário.

Simplesmente prolongar o processo é bem mais fácil que fazer uma avaliação de riscos consequente, aconselhando os clientes com base em prognósticos factíveis. A mudança de paradigma favoreceria aos profissionais mais preparados. É muito difícil, contudo, mudar o paradigma porque temos uma cultura jurídica de séculos arraigada no formalismo e que não nos deixa discutir os estímulos e as consequências das leis processuais que adotamos. Tudo que conseguimos ver é a forma. Não nos preocupam muito as consequências da aplicação da Lei e a restauração da Justiça em um tempo razoável.

Ora, se alguém cometeu um crime, o que se quer saber é se a prática do crime pode ser provada e se a autoria do crime também pode ser demonstrada por provas idôneas. O criminoso tem o direito de apresentar defesa e de se defender. O fim último do processo é assegurar a absolvição quando não houver provas do crime ou da autoria do crime pelo acusado além de uma dúvida razoável, mas também assegurar a punição quando o crime e sua autoria estiverem devidamente comprovados. Infelizmente nos preocupamos tanto em assegurar meios de defesa que nos esquecemos do fim último do processo penal. A punição cai no esquecimento e perde-se no cipoal de recursos. Não conseguimos avançar.

Se houvesse uma mudança de paradigma, o bom advogado, mesmo no processo criminal, seria aquele capaz de aconselhar com sabedoria o seu cliente. "Sr. Cliente, pelas provas colhidas até agora muito provavelmente o senhor será condenado. A confissão seria uma atenuante importante, capaz de diminuir a pena. Colaborar com a investigação também." Os possíveis modos de retardar ou anular o processo seriam evitados porque sujeitariam o advogado ou o próprio réu a punições.

Advogados: mais que essenciais

> "Só fui à falência duas vezes. A primeira, quando perdi uma causa. A segunda, quando a ganhei."
>
> *Voltaire*

Há uma outra distorção importante. No Brasil, os advogados são mais que indispensáveis ou essenciais para a defesa dos interesses das partes que litigam em um processo judicial. Quando se trata de honorários advocatícios, eles são as próprias partes. Mais que representar as partes, os advogados acabaram se tornando uma parte a mais em todas as ações judiciais. Ganharam uma posição de autonomia muito maior que seria de esperar de quem é contratado para defender os interesses de uma pessoa em juízo. A origem dessa distorção está no pagamento dos honorários advocatícios.

Os honorários são os valores pagos pelo trabalho do advogado. Os advogados contratam seus honorários com as pessoas a quem representam. Há diversos tipos de contrato de honorários. Algumas vezes, o advogado cobra por tempo de trabalho; outras vezes, pelo número de vezes que atuou no processo, apresentando pedidos ou razões; em outros casos, ainda, o pagamento está condicionado ao êxito obtido na disputa judicial; ou, ainda, o advogado pode cobrar pelo seu trabalho utilizando uma combinação de diversos desses modos, que são os mais comuns, ou ainda outros modos de cobrança. A contratação dos honorários é livre, desde que respeitados princípios mínimos traçados no Código de Ética da Ordem dos Advogados do Brasil – OAB.

Até 1994 a lei brasileira previa que a parte vencida em uma disputa judicial pagaria à parte vencedora uma importância como indenização pelas despesas com advogado. Esse valor deveria ser arbitrado pelo juiz, geralmente dentro de um percentual de 10 a 20% sobre o valor da condenação ou sobre o valor da causa. Assim, a parte vencedora recebia esses valores, que se destinavam a ressarcir as despesas que teve com o pagamento dos honorários advocatícios. Em 1994, com a edição do novo Estatuto dos Advogados, esses valores passaram a ser propriedade do próprio advogado e não mais da parte vencedora. A partir de então, os juízes passaram a condenar a parte vencida a pagar os honorários ao advogado da parte vencedora e não à própria parte vencedora. A modificação teve importantes efeitos, tanto positivos como negativos.

O principal efeito negativo é que, a partir de então, tornou-se mais difícil a recomposição integral de quem reclama algum direito. Quem cobra em juízo dívidas ou direitos na Justiça muito dificilmente terá seu direito inteiramente recomposto. Isso acontece assim. Imagine que você irá a juízo cobrar uma dívida de R$ 10 mil reais. Para isso, contrata um advogado que lhe cobra R$ 2 mil reais pelos serviços.

Ao final da ação, a pessoa que lhe devia os R$ 10 mil reais é condenada também a pagar honorários advocatícios, que deveriam ser seus, para ressarcir as despesas que você teve com o advogado. Entretanto, os honorários não são seus, mas do próprio advogado.

Sendo assim, você receberá R$ 10 mil do devedor, mas, considerando que gastou R$ 2 mil com o advogado, só terá ressarcido o valor de R$ 8 mil reais. Ou seja, o seu direito não foi completamente restabelecido. Já o advogado ganha os R$ 2 mil que contratou com você e mais os honorários a que o juiz condenará o devedor a pagar. Na prática, tornou-se quase impossível a recomposição integral da pessoa que tem seus direitos violados. Quem teve seus direitos violados e contrata um advogado para ingressar em juízo não tem mais como cobrar da parte contrária os valores que despendeu com o advogado.

Os efeitos positivos foram que a modificação estimulou ainda mais que os advogados procurassem os clientes. Em muitos casos, ao invés dos clientes procurarem os advogados, são os advogados que procuram os clientes. Os advogados transformaram-se, então, em promotores da defesa dos direitos em uma escala bastante significativa, sobretudo nas demandas de massa. Normalmente, em qualquer profissão liberal, o cliente procura o profissional, seja este o médico, o contador, o dentista, o arquiteto etc. No Brasil, é muito comum que os advogados engendrem teses que têm algum potencial de sucesso e possam se mostrar lucrativas e depois procurem, eles mesmos, os clientes.

Imagine você, caro leitor, recebendo uma ligação. Alguém que você não conhece explica, do outro lado da linha, que você tem direito à correção sobre os saldos das cadernetas de poupança que estiveram depositados pelo final da década de oitenta. Você fica surpreso com tudo aquilo, pensa que pode ser algum golpe novo na praça, mas o seu interlocutor anuncia que você pode ter um lucro de, suponhamos, até R$ 10.000,00 (dez mil reais), ou qualquer outro valor. Desgraçadamente você não lembra mais se, pelos idos da década de oitenta, você tinha algum dinheiro depositado na caderneta de poupança.

Então, você explica que pode até procurar, mas dificilmente vai encontrar os documentos relacionados àquela época. O seu interlocutor diz que não precisa se preocupar, mesmo sem os documentos você pode vir a ganhar alguma coisa, já que os bancos são obrigados a guardar os tais papéis. Além do mais, o máximo que pode ocorrer é você perder a demanda, mas, nesse caso, não haverá nenhum custo. Você recobra o ânimo, mas fica um pouco em dúvida. Hesita. Deixa para dar a resposta depois. Conversa com os colegas do trabalho, com os amigos mais próximos ou com alguns familiares. Percebe então que boa parte deles já assinou uma procuração para um advogado que, na verdade, ninguém conhece pessoalmente, mas que foi recomendado por fulano ou beltrano. Então você assina a procuração, na esperança de ganhar algum dinheiro e de ter reparado um direito que você nunca soube que foi violado.

Esse tipo de padrão ao contratar um advogado é muito comum. Mais comum que podemos imaginar. É difícil estimar com precisão, mas talvez entre 20 a 40% das causas que tramitam no país iniciam-se mais ou menos assim. Assim ocorre, por exemplo, nas ações para correção monetária dos saldos depositados em cadernetas de poupança, nas ações onde se pleiteia o pagamento de verbas aos servidores públicos, nas ações contra cobranças de taxas ou tributos indevidos. Em todos esses casos, grandes escritórios procuram clientes em situação cujo direito tenha sido violado. Geralmente as pessoas têm pouco contato com o advogado e sequer entendem de modo adequado como seu direito foi violado. Todos estão interessados apenas nos lucros que poderão obter.

A rigor, não há nada de errado nessa conduta, ao contrário. Sem esse estímulo muitas pessoas permaneceriam com seus direitos violados, sem qualquer reparação. Por outro lado, há efeitos negativos. Um deles é que há um inegável estímulo à litigiosidade. Pessoas que, de outro modo, não saberiam da violação aos seus direitos nem procurariam reparação, são instadas pelos advogados a ingressarem com ações na justiça. Algumas vezes essas ações são temerárias, ou seja, têm pouca ou nenhuma possibilidade de êxito. Essas ações se multiplicam e abarrotam de trabalho o Poder Judiciário, fazendo com que aumente o tempo médio de tramitação de todas as demais ações.

Isso acontece, em grande parte, porque litigar no Brasil é muito barato. Qualquer pessoa pode fazer praticamente qualquer pedido a um juiz a um custo muito reduzido. Mesmo que a ação seja duvidosa, que o pedido não tenha grandes chances de êxito, é provável que a ação se arraste por anos, seguindo todos os trâmites das demais ações, até finalmente ser julgada improcedente. Os juízes não têm escolha. Quem apresenta um pedido assim, não sofre qualquer penalidade, não pode ser multado, não arca com os custos do processo. Nada. Mesmo quando, eventualmente, arca com os custos do processo, esses custos são muito baixos.

De igual modo, qualquer pessoa pode apresentar defesa e apresentar recursos e recursos e mais recursos, fazendo com que o processo demore anos e anos, mesmo quando está bastante claro que a defesa é apenas para atrasar o resultado final do processo. Muitas vezes a defesa é apenas para postergar a data do pagamento. Ainda assim, não há nenhuma penalidade para quem abusa do direito de defesa.

Outro dia testemunhei uma conversa insólita, mas bastante comum. Estava esperando minha filha na escola de dança. Conversava com outros pais e mães cansados que também esperavam seus filhos no final da noite de uma quarta-feira bem ordinária. Um deles, na casa dos cinquenta anos, reclamava muito do governo e do resultado das eleições. Lá pelas tantas, lampejou-lhe um raio de alegria, anunciou que iria a Brasília pegar um dinheiro de uma ação antiga, cerca de R$ 100.000,00 (cem mil reais). Finalmente havia saído. Iam pagar! Mesmo assim, estava indignado com o serviço público e com o Poder Judiciário porque não podia sacar o dinheiro aqui mesmo. Por algum motivo, haveria de ir a Brasília. Calado estava, calado fiquei. Tentar entender e explicar a situação para o meu colega de espera demandaria muito tempo e talvez fosse absolutamente infrutífero. Eu estava cansado, a aula estava prestes a acabar e, de qualquer modo, não haveria tempo. Uma vez mais pensei como seria importante se as pessoas entendessem um pouco mais sobre o funcionamento do Poder Judiciário.

O fato é que chegou uma senhora, avó de uma das meninas, e, ouvindo a conversa, relatou que, outro dia, recebeu a ligação de alguém, que se dizia advogado, anunciando que seu marido, já falecido, tinha um dinheiro para receber, cerca de R$ 65.000,00 (sessenta e cinco mil reais) de uma ação antiga, alguma coisa relacionada ao Banco do Nordeste do Brasil – BNB, onde ele trabalhava. Ela não sabia a que se devia aquele dinheiro que agora caía do céu. Eles começaram então a conversar, o senhor de cerca de cinquenta anos revoltado com o governo e esta avó. A conversa ficou mais animada. Por um instante eu pensei que o Poder Judiciário, às vezes, funciona. Em algum momento, o tom foi de "Sim, sim! Apesar de tudo, o direito foi resguardado. Pelo menos isso!". Mesmo assim, podia-se entender claramente que nem ele nem ela sabiam que direito havia sido resguardado.

A dada altura da conversa, descobriram que o pai dele trabalhou com o marido dela no BNB, daí concluíram que o dinheiro que ele iria receber em Brasília e o dinheiro que o falecido marido da avó havia para receber tinham origens parecidas, muito embora eles não soubessem ao certo qual. Certo mesmo é que eles receberiam seus quinhões. Que ela fosse atrás, que o dinheiro era certo, assegurava à avó o senhor de seus cinquenta anos. Ela pareceu muito feliz, mas ainda um pouco desconfiada, como quem guarda a comemoração para depois de checar todas as informações. "Pois pensei que era algum golpe", ela dizia. Já havia ligado para um filho advogado e ele lhe havia dito: "Mamãe, deixe de tanta credulidade! Isso é golpe! Não existe dinheiro algum". No final, trocaram os telefones, a avó e o senhor de seus cinquenta anos revoltado com o governo, para buscar mais informações sobre os valores a receber.

Eu, como a simpática senhora, também fiquei sem saber se o dinheiro de fato existia, pouco menos pude saber qual a causa do pagamento, em que direito ele se originava. Muitas vezes, os advogados sabem qual a causa do pagamento, mas não conhecem os clientes pessoalmente. Os clientes nem conhecem pessoalmente os advogados nem sabem por que receberão, depois de tantos anos, o dinheiro, mas ficam felizes com isso. Tudo que sabem é que, finalmente, o processo chegou ao fim.

Como já disse, esse nosso sistema tem importantes vantagens porque permite que as pessoas tenham seus direitos reparados mesmo quando elas não têm consciência de que os direitos foram violados ou mesmo quando não têm a real consciência de qual foi ou em que consistiu a violação. De qualquer modo, esse sistema denota que a cidadania por aqui ainda é coisa miúda, pois não sabemos quais são os nossos direitos e, algumas vezes, não sabemos quando, como e por quem eles foram violados; nem por quem, como e por quanto eles foram defendidos. A desinformação é tanta que não são incomuns casos em que os advogados são representados na OAB, por exemplo, por não repassarem aos clientes os valores recebidos em ações judiciais. Nesses casos, os clientes são meros instrumentos e, ao final, permanecem sem a devida reparação. Mesmo nesses casos, a Lei não autoriza os juízes a atuarem e a reprimir a conduta dos advogados.

Quando eu judicava no interior recebi um promotor de justiça em uma tarde modorrenta de quinta-feira. Ele me explicou que vinha recebendo diversas reclamações contra um advogado que, além dos honorários advocatícios, cobrava 30% (trinta por cento), às vezes mais, do que as partes recebiam de valores atrasados em ações que cobravam valores não recebidos de aposentadorias, pensões e outros benefícios previdenciários. Escutei com atenção. "E o que o senhor me propõe a fazer?" Perguntei-lhe. "Que proíba a prática". Ele respondeu. "Mas doutor, o contrato é de risco, a Lei não me permite intervir, há assinatura das partes nos contratos. Quando as pessoas são analfabetas, a procuração é pública. Tudo está dentro da Lei. Em casos semelhantes, juízes foram advertidos pelos órgãos correcionais por interferir na relação cliente-advogado". O juiz não pode intervir no contrato entre as partes e os advogados. De todo modo, comprometi-me a falar com o advogado para esclarecer a situação. Tentaria alguma composição extrajudicial. Infelizmente o juiz não tem poderes para fiscalizar a atuação do advogado. O pior é que, na maioria das vezes, as pessoas não sabem disso e debitam tudo na conta do Poder Judiciário.

Um maior grau de educação e cidadania faria as pessoas mais atentas aos seus direitos e, automaticamente, reduziria os casos de violação, impedindo que muitas demandas chegassem ao Poder Judiciário. Se você, caro leitor, estiver atento aos seus direitos, se estivesse atento aos índices que deveriam reajustar sua caderneta de poupança, por exemplo, quando os valores pagos pelo banco fossem menores que os devidos, imediatamente ligaria para o seu gerente e, como você, muitas outras pessoas o fariam. A chuva de reclamações seria tão grande que exigiria dos bancos maiores cuidados e mais elevado respeito. Quando você não cuida da violação, precisará ter sorte para que um advogado bem intencionado e habilidoso ligue para você, nos próximos vinte anos, lhe oferecendo para recuperar um pouco do prejuízo.

Conciliar?! Por quê?

"Mais vale mau acordo que boa demanda."

Provérbio português

Nos últimos anos, em grande parte graças ao trabalho do Conselho Nacional de Justiça, cresceu no Brasil a utilização de instrumentos extrajudiciais de resolução dos conflitos, assim como o estímulo à conciliação dentro do processo judicial. Como o Poder Judiciário não dá conta de tantos processos e os processos normalmente são muito demorados, com vários recursos etc., etc., muitos acreditam que o caminho seria incentivar as pessoas a solucionarem os seus litígios sem a necessidade de intervenção do Poder Judiciário, isto é, sem que seja preciso ajuizar uma ação, fazer um pedido ao juiz, iniciar um novo processo, ouvir testemunhas, apresentar provas, enfrentar toda a *via crucis* de recursos e mais recursos etc. A conciliação é sempre muito boa, assim como os métodos de resolução extrajudicial das disputas. A questão é: qual o estímulo capaz de fazer com que as pessoas procurem mais a conciliação?

A conciliação ocorre quando as partes em uma disputa judicial chegam à conclusão que é melhor, para ambas, fazer um acordo que esperar anos e anos por uma decisão definitiva da justiça. Normalmente um mau acordo é melhor que uma boa demanda somente quando o resultado final da disputa judicial é incerto, quando as partes envolvidas na disputa não podem esperar porque a espera teria um custo muito elevado, ou quando o resultado final da disputa judicial onerará mais a parte que descumpriu a lei que o acordo. Por que no Brasil fazemos poucos acordos judiciais? Simplesmente porque para quem descumpriu a lei, o processo judicial e a lentidão da justiça são muito vantajosos. Um mau acordo não traz tantas vantagens para quem descumpriu a lei. As consequências do descumprimento da lei são tão brandas e demoram tanto tempo para se materializar que o acordo não compensa, mais vele uma boa disputa judicial. O nosso sistema de justiça é muito leniente com aqueles que descumprem a lei. Isso faz com que aumente o número de processos judiciais e diminua o número de acordos.

No Brasil, é muito barato apresentar uma ação, ainda quando as chances de êxito são poucas; ou apresentar uma defesa e depois atrasar o processo com sucessivos incidentes e recursos, ainda quando está claro que, ao final, o defendente vai sair derrotado. Sendo assim, as pessoas se utilizam do processo judicial de modo abusivo. O processo judicial passa a ser um instrumento para ganhos econômicos e financeiros e não apenas para a solução de disputas judiciais verdadeiras. Chamo verdadeiras as disputas judiciais onde as pessoas envolvidas têm sinceras dúvidas sobre como os fatos ocorreram ou sobre como a Lei deve ser interpretada e aplicada. Não seria errado dizer que mais da metade dos processos judiciais em curso no Brasil não representam disputas verdadeiras nesse sentido. Na maioria delas, as pessoas envolvidas já sabem qual será o resultado. O processo judicial é usado apenas para adiar esse resultado.

O ideal seria que ao apresentar uma ação ou ao apresentar uma defesa, quem apresenta a ação ou a defesa fosse obrigado a fazer uma análise de risco. Ou seja, compensa não pagar agora o que muito provavelmente serei obrigado a pagar no final do processo? Ou ainda, compensa entrar com uma ação, com tão poucas chances de êxito, se, ao final, serei obrigado a arcar com os custos do processo? No Brasil, apresentar defesa sempre compensa. Isso porque os juros que se pagam por uma dívida que está sendo cobrada em juízo são bem menores que aqueles cobrados pelo sistema financeiro em geral. Os juros do cartão de crédito chegam a 300% ao ano; os juros do cheque especial podem chegar a 100% ao ano; já os juros do empréstimo consignado (a modalidade mais barata de crédito) podem chegar a 30% ano. Na justiça, a lei estabelece que o devedor pagará juros equivalentes à taxa básica de juros da economia (enquanto escrevo a taxa SELIC está em cerca de 6,5%), nada é mais barato que isso. Compensa não pagar as dívidas e deixar que elas sejam cobradas na Justiça. É bem mais barato que pedir emprestado.

Imagine que você, abismado leitor, é o presidente de uma grande empresa. Sua empresa recebe uma cobrança judicial de 100 milhões de reais. Imediatamente você reúne o corpo de assessores jurídicos da empresa para esclarecimentos. Quais as chances de vencer a demanda e não ser obrigado a pagar o valor? Muito poucas, responde o seu corpo jurídico depois de estudar atentamente o caso. Na verdade, outras ações semelhantes já foram julgadas e quase certamente sua empresa, ao final, será condenada a pagar os 100 milhões acrescidos dos juros legais. Não há escapatória. O que fazer? Bom, se pagar imediatamente o valor, a empresa ficará com desfalque de 100 milhões e precisará levantar empréstimos junto ao sistema financeiro. Qual o custo desse empréstimo? Cerca de 24% ao ano.

Mas há outra opção. Sua empresa tem um corpo jurídico poderoso que, de qualquer modo, já está incluído nos custos operacionais. Não custará nada a mais patrocinar a defesa em juízo e adiar o pagamento ao máximo. Quanto custa isso? Cerca de 11% ao ano. Menos da metade. Qual das duas opções escolher? Ninguém precisa ser um gênio das finanças para escolher a segunda opção. A diretriz de qualquer pessoa sensata seria clara: vamos adiar o pagamento ao máximo e tirar proveito da generosa taxa de juros aplicada às dívidas cobradas judicialmente. O processo pode demorar 10 anos ou até mais se você utilizar todos os recursos disponíveis. Ao final, sua empresa paga o valor devido com um custo de 13% ao ano a menos. Isso quer dizer que ao invés de pagar 1,076 bilhões (como pagaria, em 10 anos, se tivesse pedido emprestado ao sistema financeiro), pagará apenas 360,14 milhões ao credor original. É o credor quem custeará a diferença. Mais uma vez fica claro que nosso sistema dá incentivos generosos a quem não cumpre a lei.

Agora imagine que sua empresa quisesse fazer um acordo. Qual valor seria vantajoso? Bom, considerando que o valor que a empresa arcaria ao final do processo seria de 360,14 milhões, depois de 10 anos, temos que o valor atual, considerada a taxa de juros do mercado financeiro de 24%, seria cerca de 33,4 milhões de reais, cerca de 33% do valor reclamado em juízo. Nessas condições é equivalente para empresa reconhecer a dívida e pagar 33,4 milhões de reais no começo da demanda ou 360,14 milhões de reais ao fim de 10 anos. Não gostaria de lhe cansar, prezado leitor, com esses cálculos, mas uma coisa posso garantir: trata-se da matemática financeira mais elementar. Agora pergunto: quem cobra a dívida ficaria satisfeito em receber apenas 33% do valor devido? Para o credor é bem melhor esperar que fazer um acordo tão desvantajoso, a não ser que ele esteja passan do fome, como acontece em muitos acasos, sobretudo nas disputas judiciais na Justiça do Trabalho. Nesse caso não há um real acordo, há um estado de necessidade.

Agora imagine que, ao contrário de uma grande dívida, sua empresa esteja sendo acionada por milhares de pequenas dívidas que somam os 100 milhões de reais ou mais. Milhares de demandas que têm origem nas relações de consumo. Apesar de serem muitas ações, o raciocínio é exatamente o mesmo. Não há compensação alguma em fazer acordo. O CNJ e todos os tribunais fazem campanha pela conciliação, mas nosso sistema de justiça passa para todos os devedores uma mensagem muito mais clara e convincente: o acordo é desvantajoso. Muito melhor ficar devendo e pagar juros baixos. Só louco faz acordo nessas condições. É jogar dinheiro fora. Quem se dá mal nessa história é sempre quem cumpre e a lei e paga suas obrigações em dia.

Em grande parte dos processos judiciais no país é exatamente isso que acontece. Todos já sabem qual será o resultado do processo, mas alguns se utilizam do Poder Judiciário apenas para postergar o pagamento das dívidas. Para se ter uma ideia do impacto desses números, vale a pena tecermos alguns breves comentários sobre o relatório do CNJ intitulado Os 100 Maiores Litigantes 2012. Nesse relatório analisaram-se quais os principais litigantes nas ações que deram entrada em todos os ramos do Poder Judiciário do país entre 1º de janeiro e 31 de outubro de 2011. Constatou-se que cerca de 31% do total de processos dizem respeito a demandas envolvendo bancos ou o setor público. O Governo sozinho é responsável por 22,77% do número total de ações. Os bancos são responsáveis por 10,3% do total de ações. As telefônicas são responsáveis por 1,84%. Grande parte disso são demandas relacionadas às relações de consumo. Juntos, o Governo, os bancos e o setor de telefonia respondem por cerca de um terço de todas as ações ajuizadas no país.

Tornar o processo mais caro para aqueles que abusam do direito de ação ou do direito de defesa, estimularia a conciliação mais que qualquer campanha pública ou peças publicitárias do Conselho Nacional de Justiça — CNJ. Além disso, tornaria a restauração do direito mais rápida e efetiva para aqueles que tiveram seus direitos violados e puniriam de modo mais efetivo aqueles que descumprem a lei. Haveria um enorme efeito pedagógico e uma consequente diminuição no número de demandas, desafogando o Poder Judiciário. O nosso sistema, ao contrário, estimula que as pessoas abusem do processo judicial em prejuízo daqueles que têm o direito a seu favor.

Calote Oficial

"Existem coisas que o dinheiro não compra. Para todas as outras existe o calote".

Tenório Cavalcanti

Virou lenda na Faculdade de Direito a história da palestra de um professor alemão. Ele veio à nossa Faculdade falar sobre processo, sistema de justiça, efetividade da jurisdição etc. A palestra era traduzida. Ele falava um pouco, o intérprete traduzia. Ele falava mais um pouco, o interprete traduzia novamente e assim íamos. O sistema de justiça alemão é um dos mais eficientes do mundo. Eles têm pouquíssimos recursos. Praticamente não há recursos mesmo nos julgamentos criminais. Os juízes de primeiro grau têm maior poder e as decisões tornam-se definitivas muito mais rapidamente. O papel dos tribunais é, basicamente, uniformizar as decisões, assegurando a igualdade na aplicação da lei. *Equal justice under the law.*

Pois bem. Lá pelas tantas, alguém na plateia perguntou ao palestrante como era feita, na Alemanha, a execução contra o Governo. Quando o Governo deve e não reconhece a dívida, normalmente o credor propõe uma ação judicial contra o

Governo, seja o Governo federal, estadual ou municipal. O credor pode ser qualquer um de nós, empresas, associações etc. Se a ação é julgada a favor do credor, o juiz manda que o Governo pague a dívida. Chama-se a isso executar a dívida contra o Governo.

O alemão não entendeu a pergunta. O intérprete encontrava dificuldades para explicá-la. Eles, o professor e o intérprete, começaram um diálogo para tentar aclarar o busílis. O professor pedia esclarecimentos, o intérprete pedia ajuda à plateia e aos demais professores. À medida que entendia a pergunta, o alemão ia adotando uma fisionomia mais e mais surpresa. Procurava se certificar. Até que ficou tudo esclarecido. O alemão balançava a cabeça, parecia absurdo, mas era aquilo mesmo: perguntavam como o Governo alemão era obrigado a pagar suas dívidas. O professor explicou que, na Alemanha, não era preciso obrigar o Governo a pagar uma dívida judicial. Se o juiz mandava, o Governo pagava imediatamente, não era preciso procedimentos enroscados, nada de complicações. O Governo pagava e pronto. Era uma questão de honra para o Governo e seria um desrespeito para com os cidadãos e para com os eleitores não pagar as dívidas reconhecidas pelo Poder Judiciário que, em última análise, fazia parte do próprio Governo.

Ficou todo mundo meio de queixo caído. O problema é que no Brasil o Governo não paga. Como assim? É uma ordem judicial! Mas o Governo não cumpre, simplesmente não paga. Utiliza-se de toda uma miríade de recursos, o processo demora anos e anos e o Governo não paga. E quando os recursos acabam? Não paga, simplesmente não paga. Ponto.

O capítulo poderia terminar aqui. São necessários, contudo, alguns esclarecimentos. O Estado brasileiro (o Governo) divide-se em três entes federados: União, Estados e Municípios. A bem da verdade, a União paga suas dívidas decorrentes de ações judiciais mais ou menos em dia. Estados e municípios não pagam ou atrasam com muito maior frequência. Todavia e para vergonha nacional, todos os três entes, mesmo sabendo que perderão as ações e, ao final, serão condenados a pagar as dívidas, na maioria dos casos utilizam-se do processo para adiar o pagamento o máximo possível, tanto quanto podem. No Brasil, o Poder Judiciário e o processo judicial são utilizados pelos Governos como uma forma de financiar parte da dívida pública. Uma forma espúria, porém bastante eficaz. Tudo isso é legal, é oficial.

Mas, como os governos sabem que perderão as ações, pergunta-me o incrédulo leitor? Na maioria dos casos, ações semelhantes já foram julgadas pelos tribunais brasileiros milhares, dezenas de milhares, centenas de milhares de vezes. Assim, os governos, os juízes e os credores, todos já sabem qual será o resultado do julgamento. Por que, então, os governos se utilizam de todos os recursos possíveis? Adiar o pagamento é como pedir emprestado a um custo muito baixo, como vimos no capítulo anterior.

Além de adiar o pagamento das dívidas judiciais o máximo possível mesmo sabendo que, em milhares de casos semelhantes, o Poder Judiciário já decidiu que as dívidas cobradas são de fato devidas, muitas vezes o Governo (nesse caso específico governos estaduais e municipais) simplesmente não paga suas dívidas. O não pagamento nesses casos é contrário à lei, mas, mesmo assim, os governos fazem isso sob o argumento de que não têm recursos. Agora o mais inacreditável: ninguém jamais foi punido por isso! Na prática, não há consequências quando os governos não pagam suas dívidas judiciais, mesmo quando elas foram reconhecidas depois de um longo processo, com todos os recursos cabíveis etc. E o pior: os juízes não podem fazer nada quanto a isso.

O pagamento das dívidas judiciais dos governos é feito por precatórios. Precatório quer dizer pedido. Depois de todos os recursos, anos e anos de tramitação do processo judicial, quando a decisão final estabelece o valor devido ao credor, o tribunal pede (daí o nome precatório) ao Governo devedor que inclua no orçamento do ano seguinte o pagamento da dívida. Expede-se então o precatório, que é um documento onde consta o valor da dívida e será entregue ao chefe do Poder Executivo para que este pague a dívida até o final do ano fiscal seguinte.

Muitos Estados e Municípios não pagam seus precatórios. Simplesmente não pagam. A Ordem dos Advogados do Brasil já fez campanhas. O não pagamento já foi objeto de ações no Supremo Tribunal Federal, onde se pedia a intervenção federal nos Estados devedores. Nada adiantou. A situação continua mais ou menos a mesma. Até emenda constitucional já foi feita para que os precatórios, ou seja, as dívidas judiciais, possam ser pagos parceladamente. Dívida parcelada sem a concordância dos credores, o que pode até ser legal, mas é, no mínimo, estranho e joga sombras sobre a credibilidade do sistema.

Todas essas medidas foram em vão. As dívidas judiciais dos governos continuam a causar o mesmo desconforto. Os governos não respeitam as decisões judiciais, não respeitam os seus credores, os cidadãos, os eleitores. Com essa conduta, o poder público contribui do modo mais oficial e lastimável possível para que todo o sistema de justiça permaneça desacreditado. E deve ser dito que escapam mais ou menos impunes, já que as pessoas comumente responsabilizam o Poder Judiciário pelo atraso no pagamento. Não é atraso no pagamento. É calote mesmo. Os governos não pagam e os juízes não têm poderes para fazer alguma coisa a respeito.

PARTE IV

Crime e castigo

As chances de ser preso no Brasil

"O problema é que o crime é perto. E a justiça mora longe".

Millôr Fernandes

São muito remotas as chances de alguém ser preso no Brasil. Mesmo se tratando de homicídio, o crime mais grave, sobre o qual repousa o maior tabu e o maior grau de reprovação nas sociedades modernas. Se o criminoso situar-se entre a classe média e a classe alta, essas chances diminuem de modo drástico. Há um dado alarmante e pouco conhecido dos brasileiros: de cada 100 homicídios ocorridos no país, apenas 5 a 8 são elucidados. Esses dados baseiam-se em uma pesquisa da Associação Brasileira de Criminalística, que não é uma entidade governamental, mas, à falta de dados produzidos pelo próprio governo, esses dados têm sido utilizados em estudos e iniciativas do Conselho Nacional de Justiça – CNJ e do Conselho Nacional do Ministério Público – CNMP.

O número é alarmante! Enquanto no Brasil apenas 8% dos assassinatos são elucidados pela polícia, nos Estados Unidos, esse percentual é de cerca de 65%; no Reino Unido, de 90%; na França, de 80%. Elucidar não significa que o criminoso foi condenado ou preso, significa apenas que a polícia conseguiu formalmente acusar alguém pelo crime. Esse suposto criminoso apontado pela investigação criminal, ainda deverá ser denunciado pelo Ministério Público em um processo criminal, então será processado, terá direito a apresentar uma miríade de recursos e tantos *habeas corpus* quanto quiser, só então poderá ser condenado. O número de condenações, portanto, é ainda mais baixo, dadas as inúmeras intercorrências e nulidades que pode haver entre a acusação formal pelo Ministério Público e a condenação pela justiça.

Observe-se que esse percentual refere-se apenas ao crime de homicídio que é considerado por toda sociedade o crime mais grave. Podemos concluir que em crimes como roubo, pequenos furtos, corrupção, fraudes e outros o percentual de crimes elucidados pelo aparelho policial é ainda menor. Podemos mesmo afirmar que as autoridades sequer tomam conhecimento da maioria dos crimes praticados no Brasil. Falta estrutura às polícias, sobretudo à polícia judiciária. A polícia judiciária é a polícia civil, ela é a responsável por investigar os crimes e produzir provas que possibilitem a condenação dos acusados. A polícia militar faz um trabalho de vigilância e prevenção, mas não investiga ou não está nas suas atribuições investigar crimes.

Os crimes com mais chances de serem elucidados são obviamente aqueles cometidos à luz do dia e com muitas testemunhas; depois desses, vêm aqueles que causam comoção nacional, normalmente isso acontece quando alguém das classes sociais superiores é morto com violência, ou quando as vítimas são crianças. Mas, se o crime é cometido de modo a ocultar pistas, se a vítima é um criminoso já condenado ou tem passagem pela polícia, como no caso das guerras do tráfico ou no caso de algumas vítimas dos grupos de extermínio, ou se a vítima é pobre, em todos esses casos é muito provável que o aparelho policial não tenha tempo nem recursos suficientes para a elucidação dos crimes. Os inquéritos ficam abertos por anos a fio e, ao fim, são arquivados por falta de provas.

Nas grandes cidades, é cada vez mais comum os assaltos à mão armada, algumas vezes em forma de arrastão. São crimes graves. Mesmo nesses casos, contudo, a notícia do crime para a polícia tem o único fim de produzir um boletim de ocorrências e possibilitar que a vítima faça um requerimento das segundas vias de seus documentos. Em pouquíssimos casos se consegue prender, ou mesmo descobrir, quem cometeu os crimes.

Quando falamos em crimes do colarinho branco, os crimes de corrupção, fraude, dilapidação e desvio do patrimônio público, a situação piora. Os crimes do colarinho branco muitas vezes causam um dano igual ou até mesmo maior ao corpo social que um crime de homicídio. O desvio de recursos públicos pode provocar muitas mortes por falta de hospital, por falta de medicamentos, por falta de água tratada, por falta de educação, por falta de estradas em boas condições e devidamente sinalizadas.

As polícias não estão preparadas para investigar crimes de morte, roubos e furtos. Pois bem. A investigação dos chamados crimes do colarinho branco é ainda mais complexa,

A polícia prende, a Justiça solta

"Uma mentira repetida mil vezes torna-se verdade."

Joseph Goebbels

As pessoas enxergam os juízes pelas suas próprias lentes e muitas vezes atribuem a eles um papel que eles não exercem e não podem exercer. O papel de investigador, perseguidor e algoz, o papel de justiceiro, aquele que deveria brandir a espada com força contra os criminosos. Na verdade, o papel dos juízes é aplicar a Lei de modo imparcial e só podem fazer isso quando alguém o pede. O juiz não investiga e não persegue. Quem investiga os crimes é a polícia, quem pede a punição dos criminosos é o Ministério Público, os promotores de justiça. Eles que são os perseguidores. Eles devem provar a existência e autoria do crime, ou seja, que o crime, de fato, foi cometido e que quem o cometeu foi o acusado. Não apresentadas provas suficientes, o acusado deve ser absolvido. Por isso, o juiz não pode se envolver na investigação. Para que o julgamento seja justo, o juiz deve se manter imparcial. Os nomes dados aos nossos cargos não ajudam as pessoas a entender o sistema. Nos Estados Unidos, os membros do Ministério Público são chamados *prosecutors*,

e controlado por um juiz. Assim, seria mais correto afirmar que a justiça prende e a justiça solta. Na maioria das vezes, portanto, sobretudo em crimes que demandam uma investigação anterior, como os crimes do colarinho branco, lavagem de dinheiro e os crimes praticados por organizações criminosas, a ordem de prisão parte de um juiz e a ordem de soltura também.

A lei estabelece algumas limitações ao tempo que uma pessoa pode permanecer presa sem julgamento. De modo geral, ninguém pode ficar preso por mais de 81 dias sem julgamento. O que acontece com muita frequência é que o processo penal demora muito para acabar e, por isso, as pessoas que foram presas preventivamente devem ser soltas porque se extrapolou o prazo que a Lei e os tribunais consideram razoável para a finalização do julgamento. E por que o processo demora tanto tempo para acabar? Porque nossa Lei concede muitas garantias e benefícios aos acusados. São muitas as possibilidades de recursos e muitas as possíveis manobras para simplesmente adiar o julgamento. Mais do que seria necessário para um julgamento justo. Muito mais do que é concedido na maioria dos países do mundo ocidental desenvolvido.

Além disso, desde 2009, o Supremo Tribunal Federal vinha adotando um entendimento de que ninguém poderia ser preso antes do trânsito em julgado da decisão. Isto quer dizer, ninguém poderia ser preso antes de esgotados todos os recursos. Como são muitas as possibilidades de recursos, entra em ação a centopeia preguiçosa, muitas pernas, passos lentos, quase sempre fatalmente o prazo é extrapolado. Na maioria dos países civilizados do globo, países com larga tradição democrática, o condenado pode e deve ser recolhido à prisão já depois da condenação pelo juiz de primeiro grau. Recentemente, o Supremo Tribunal modificou seu posicionamento para admitir a prisão do criminoso após a condenação por um tribunal de segundo grau ou segunda instância.

Entre nós as decisões dos juízes de primeiro grau têm pouquíssimo valor e, normalmente, precisam ser confirmadas pelos tribunais de segundo grau. No caso de processos criminais, mesmo as decisões dos tribunais de segundo grau não tinham tanto valor até a recente modificação de entendimento pelo Supremo Tribunal. Se houvesse recurso por parte do condenado, era necessário que a condenação fosse confirmada pelo Superior Tribunal de Justiça e até pelo Supremo Tribunal Federal para a prisão do condenado. Ao todo, o julgamento pode se repetir 4 vezes, sem falar em inúmeros outros incidentes processuais que podem ser manejados ao longo de todo o processo de modo a fazer com que a centopeia de movimente cada vez mais lentamente.

O interessante é que até 2009, o Supremo Tribunal Federal permitia que os condenados fossem recolhidos à prisão antes do trânsito em julgado, ou seja, antes do julgamento de todos os inúmeros recursos. Isso, portanto, não é um problema da lei, mas um problema da interpretação que é dada à lei, especificamente, ao inciso LVII, do art. 5.º da Constituição da República, que diz o seguinte: "*ninguém será considerado culpado até o trânsito em julgado de sentença*

criminoso é preso, temos a sensação de que a pena aplicada foi muito branda, de que o criminoso passou pouco tempo na prisão, o que não é suficiente nem para punir com justiça nem para desestimular a prática de novos crimes.

Afinal, de onde vem a sensação de impunidade? De fato, a justiça é lenta e a prisão, normalmente, somente podia ocorrer após o trânsito em julgado da decisão, isto é, quando não fosse possível a interposição de mais nenhum recurso. Em 2016 o Supremo Tribunal modificou esse entendimento, permitindo a prisão após a condenação por um tribunal de segundo grau de jurisdição. Contudo, a todo momento a Suprema Corte, ou algum de seus ministros, fala em voltar atrás na decisão, o que geraria, segundo alguns, impunidade e estímulo ao comportamento criminoso.

Mesmo com a possibilidade de prisão após a condenação em segundo grau de jurisdição, o processo penal brasileiro é excessivamente formal, conta com inúmeras possibilidades de recursos e incontáveis causas de nulidade. Tudo isso faz com que as condenações definitivas, sobretudo nos crimes mais graves, demorem anos e anos para acontecer. Enquanto isso, os acusados vão sendo soltos pelo caminho, normalmente sob o argumento de que estão presos há mais tempo do que a lei permite sem um julgamento definitivo. Todavia, na maioria vezes, é praticamente impossível produzir um julgamento definitivo no prazo estipulado pela lei porque a própria lei prevê um procedimento excessivamente longo e formal. Tudo isso é verdade, mas não explica completamente a sensação de impunidade que campeia no Brasil.

A principal causa de impunidade se esconde na investigação dos crimes, está antes do processo judicial. Os dados não deixam dúvidas. Não temos uma política de segurança robusta. Não temos capacidade de investigar os crimes: os policiais ganham mal, são mal preparados, têm pouco treinamento contínuo. Além disso, praticamente não temos polícia técnico-científica. O resultado é que (esses dados merecem ser repetidos), segundo dados da Associação Brasileira de Criminalística, de cada 100 homicídios no Brasil, apenas 5 a 8 são elucidados. Nos Estados Unidos, esse percentual é de 65%; no Reino Unido é de 90%; na França é de 80%.

Pode parecer absurdo, mas é isso mesmo: apenas 8% de todos os homicídios chegam a um processo judicial! Em 92% das vezes, o criminoso escapa impune sem sequer chegar a ser incomodado por um inquérito policial ou processo! E estamos falando do crime mais grave em nosso país. A impunidade deve ser ainda maior quando se trata de crimes como roubos, furtos, corrupção e os chamados crimes do colarinho branco, estes também muito graves e de mais complexa investigação.

Normalmente, quando se fala em política de segurança, fala-se em aumentar a vigilância, aparelhar as polícias militares e, até, criar e aparelhar guardas municipais. As ações concentram-se no que o eleitor pode ver. As polícias militares e guardas municipais, contudo, não têm atribuição para investigar crimes, só atuam até que o crime seja cometido. Depois, cabe à Polícia Civil a investigação. E é justamente na investigação que está concentrada a impunidade. Na cidade onde moro, chegamos a ter 6 polícias diferentes: polícia civil, polícia militar, polícia

maior que a da Europa. A Organização Mundial de Saúde considera violência endêmica taxas acima de 10 homicídios por 100 mil habitantes. O mesmo estudo mostra que, de 2004 a 2007, 170 mil foi o número total de pessoas mortas nos 12 maiores conflitos do globo. No Brasil, de 2008 a 2011, mais de 200 mil perderam a vida somente em crimes violentos. Cerca de 60 mil pessoas são mortas todos os anos no Brasil pela prática de homicídios. Em apenas 4,8 mil casos, a polícia chegará a um suspeito. Depois terá início o processo judicial. Mas a essa altura, os responsáveis pelos outros 45,2 mil homicídios já terão escapado. Não chegarão sequer a ser processados.

Vivemos uma situação gravíssima! É preciso, com urgência, reestruturar as polícias, valorizar os policiais, equipar as delegacias, investir fortemente na polícia técnico-científica. É preciso investigar, elucidar e punir cada crime por si e pelo potencial lesivo que tem para todo o corpo social. Do contrário, impunidade e violência continuarão sendo a nossa tônica.

Por que não conseguimos condenar os criminosos?

> "A corrupção não é uma invenção brasileira, mas a impunidade é uma coisa muito nossa."
>
> *Jô Soares*

E nos 8% dos casos de homicídio que a polícia consegue elucidar? E quando a polícia consegue acusar formalmente uma pessoa pela prática do crime? Bom, nesse caso, teremos o processo penal. Entra em cena a centopeia preguiçosa. O processo penal é um imenso corredor iluminado, são tantas as janelas e portas por onde os acusados podem escapar que é bastante difícil que a sociedade enxergue a pequena luz da condenação no fim do túnel. Há, contudo, um fato importante: para descobrir essas janelas e portas é preciso dinheiro para pagar um bom advogado. Se há um consolo, é que os acusados quando se querem livrar da condenação, acabam gastando um bom dinheiro com advogados. Mas isso não é uma pena suficiente.

O processo penal, assim como o processo civil, deveria ser simples. A ideia por trás de um processo, na verdade, é muito simples. Chama-se processo porque deveria sempre marchar para frente e chegar a uma conclusão: a decisão judicial. Esse é o primeiro ponto. O segundo é que o processo é um encadeamento ou uma coleção de atos. Todas aquelas folhas juntas em uma pasta nada mais são que a memória de todos os atos processuais ocorridos e relativos àquela ação.

Agora o mais simples. O processo guia-se por dois princípios básicos: o contraditório e a ampla defesa. O contraditório significa que o acusado terá oportunidade de acompanhar a produção de todas as provas, poderá falar contra as provas e deverá ser ouvido acerca de tudo que acontece no processo. A ampla defesa quer dizer que o acusado tem direito a utilizar todos os meios de defesa previstos em Lei. Não significa, todavia, que a Lei deva prever tantos meios de defesa que fique muito difícil ou mesmo impossível julgar e condenar alguém. Em resumo, o contraditório significa que o acusador e o réu têm direito de apresentar provas e de serem ouvidos pelo juiz em igualdade de condições, assim como têm direito de ser informado de todos os atos judiciais. É o binômio informação/participação.

O princípio geral, portanto, é o de que o acusado pela prática de um crime, por exemplo, tem o direito de ser ouvido sobre a acusação, tem o direito de produzir provas, tem o direito de participar e impugnar as provas contra si produzidas. Tudo muito simples. Fulano é acusado de ter cometido um crime. O Ministério Público apresenta provas. O juiz chama o Fulano. Informa-o da acusação. Fulano tem o direito de falar sobre as provas e apresentar suas próprias provas. As pessoas indicadas pelo promotor e pelo acusado são ouvidas sobre os fatos. Fulano tem o direito de estar presente para se defender. Fulano tem o direito de ser ouvido pessoalmente sobre a acusação. No final, o juiz sentencia o acusado.

O problema é que, de tanto pensar sobre esse percurso simples, ou de tanto não pensar no que realmente importa, os juristas são capturados pelo mundo encantado das ideias e acabam complicando um pouco as coisas. Há bibliotecas inteiras escritas sobre o julgamento criminal, um procedimento que deveria ser muito simples. Nos Estados Unidos, por exemplo, se discutem questões como o modo em que é feito o reconhecimento do acusado pelas vítimas e pelas testemunhas. Lá as universidades fizeram pesquisas que indicam que, ao visualizarem um álbum com as fotos de muitos suspeitos, as testemunhas tendem a confirmar as suspeitas dos investigadores. Ao responder a pergunta feita por um policial *"Foi esse, não foi?"* A testemunha tente a responder: *"Sim, foi esse"*. A partir daí a testemunha pode criar memórias, achando que viu a pessoa da foto na cena do crime mesmo que não a tenha de fato visto. Chama-se a isso de *viés de confirmação*. Por conta disso, alguns estados modificaram suas leis de modo a proibir que o policial que faça o reconhecimento não participe da investigação de crime, de modo a evitar que possa influenciar a testemunha.

Essa é uma discussão interessante. Tem efeitos práticos. O viés de confirmação é testado e comprovado pela psicologia. Brasil. Aqui nós podemos gastar centenas, milhares de páginas discutindo se a ordem de inquirição das testemunhas é ou não é capaz de anular o processo. Sem que nenhuma pesquisa empírica com dados objetivos seja feita para sustentar a tese de que a inversão da ordem de inquirição das testemunhas pode influenciar o julgamento contra o acusado, ressalte-se. A lei processual diz que primeiro devem ser ouvidas as testemunhas indicadas pela acusação, depois as testemunhas indicadas pela defesa. Algumas vezes, essa ordem é invertida por alguma questão prática ou para dar celeridade ao processo. Isso é o suficiente para que surjam teses de que todo o processo é nulo.

O fim do processo é tão somente assegurar que os acusados sejam ouvidos e possam produzir provas. Mas, de alguma forma, por algum misterioso motivo, o sistema entre nós parece feito para não funcionar. Os prazos são muito elásticos e as garantias concedidas aos acusados são excessivas. Dou alguns exemplos. Uma das estratégias usadas pelos réus no Brasil pode ser simplesmente não se defender. Quando não se defende ou até quando se defende mal, todo o processo pode ser anulado porque o réu não tem defesa. Bom, não tem defesa porque ele não se esforçou para apresentar defesa. Ainda assim o processo pode ser anulado.

O acusado nos Estados Unidos tem o direito de permanecer calado, mas tudo que ele disser pode ser usado contra ele. Se acusado mentir, poderá ser punido por perjúrio. Além disso, seu advogado pode ser também severamente punido, se sabia ou contribuiu para o perjúrio. Veja bem, cara leitora: o acusado pode ficar calado porque, se falar, o que falar vai ser usado contra ele. A garantia de permanecer calado é justamente para que o acusado não seja obrigado a falar e, sendo obrigado a falar, não seja obrigado a mentir, porque mentindo praticaria um outro crime. Entre nós, além de ter o direito de permanecer calado, o acusado não tem qualquer compromisso com a verdade. É como se ele pudesse mentir, forjar provas, inventar fatos, tudo para escapar à prisão e garantir a liberdade.

Nos Estados Unidos, na França, na Inglaterra, na Alemanha, a condenação por um juiz é suficiente para mandar o acusado para a prisão. Entre nós, até recentemente, alguém só poderia ser preso quando não coubesse mais nenhum recurso contra a decisão judicial, o que poderia demorar anos, dado a miríade de recursos que nós temos. Além disso, naqueles países, os poderes do juiz sobre a produção das provas são bem maiores. Se o juiz perceber que o acusado está usando de artifícios para atrasar o processo e protelar a decisão, pode aplicar multas e outras sanções. Entre nós, a primeira e principal estratégia de todo bom advogado criminalista é arrolar muitas testemunhas de defesa, de preferência em lugares distantes e remotos. Para serem ouvidas, o juiz precisa expedir cartas para os juízes onde as testemunhas residem. Essas cartas demoram a voltar, o que acaba atrasando o julgamento.

Franz Kafka foi um dos escritores mais importantes do século XX. Viveu apenas 41 anos, entre 1883 e 1924, em Praga, que fazia então parte do Império Austro-Húngaro. Kafka formou-se em Direito e trabalhou como agente de seguros, um dos seus livros mais importantes é *O Processo*. Nesse livro, Kafka conta a história de Josef K., um pacato cidadão que um belo dia é preso e se vê envolvido em um incompreensível e absurdo processo, acusado de um crime que nem ele nem seus acusadores sabe qual foi. O livro é angustiante, acompanhamos Josef K. em busca de resposta pelos labirintos da burocracia judicial austro-húngara. Muito por conta do livro, *kafkiano* virou um termo para designar o absurdo, o surreal, o incompreensível, o que não se enquadra na ordem real do mundo.

Se Kafka tivesse a oportunidade de voltar do magnífico lugar onde merece repousar para o Brasil de hoje, estaria de mãos na cabeça e um olhar entre incrédulo e aterrado. Talvez se escrevesse novamente o livro, Josef K. seria um promotor ou um juiz em uma luta desesperada contra a burocracia estatal para condenar os criminosos. Em vão. Ficaríamos aflitos em ver tantos indícios e provas espatifarem-se contra a rocha inquebrantável de garantias e direitos dados aos réus. "O Processo" de Kafka foi kafkanizado no Brasil.

Entre nós, o acusado é tratado quase como um incapaz, amparado por todos os lados. Pode promover todo tipo de artifícios para atrasar o processo que, mesmo assim, muito pouco ou quase nada pode ser feito pelo juiz para desestimular esse tipo de conduta. Aqui cabe uma pergunta: será que se a nossa lei fosse menos permissiva, se a nossa lei possibilitasse um julgamento mais rápido, como acontece nos países desenvolvidos, se a lei assegurasse que o réu fosse ouvido, produzisse provas, se manifestasse em todos os atos do processo, mas possibilitasse também que o juiz punisse o abuso de defesa, será que os julgamentos seriam, por isso, mais injustos?

As garantias do processo criminal devem proteger os réus, mas também devem proteger a sociedade, possibilitando que os julgamentos sejam céleres e as condenações efetivas. Isso desestimularia a prática de crimes e seria capaz de diminuir muito a sensação de impunidade. Os Estados Unidos e as nações europeias, sobretudo Inglaterra e França, são o berço dos direitos humanos, das garantias individuais. São países de larga tradição democrática e de respeito aos direitos civis e às garantias individuais. Os Estados Unidos, apesar dos recentes abusos cometidos a pretexto da guerra contra o terror, têm vivido sob valores democráticos por mais de 200 anos ininterruptamente, assim também a Inglaterra. É absolutamente surpreendente, portanto, que no Brasil as garantias concedidas aos acusados sejam maiores que as garantias concedidas naqueles países. Seríamos nós, de fato, mais evoluídos em matéria de proteção aos direitos humanos?

Excesso de prisão?

Considerando que em 92% dos casos os criminosos não são sequer descobertos, teremos um processo judicial em apenas 8% de todos os crimes. Ainda assim, esse número está superestimado, dado que na maioria dos crimes o percentual de elucidação deve ser bem menor que nos homicídios, que é o tipo mais grave de crime. Muitos crimes sequer são noticiados à polícia, tais quais violência doméstica, estupro, pequenos furtos, corrupção, desvio de recursos públicos etc. Apenas para fins de estimativa vamos considerar que 5% dos crimes geram um processo judicial. Se considerarmos que 80% das pessoas formalmente acusadas de um crime são condenadas, teremos condenação em apenas cerca de 4% dos crimes.

Imagine que haja uma condenação, o que acontece então? Em muitos casos, não chega a haver pena de prisão, que é reservada apenas para os crimes mais graves. De modo geral, se a condenação é de a até 4 anos de prisão e se o crime não é violento, o criminoso não será preso. O acusado é condenado a uma pena de prisão, mas essa pena é convertida em outra pena que não é a prisão, pode ser multa, prestação de serviços à comunidade etc.

Nos casos em que o acusado é condenado a penas maiores que 4 anos, haverá efetivamente a prisão, mas dificilmente, quase nunca, o criminoso passará todo o tempo de pena preso. É que a lei permite a progressão do regime. É engraçado e pode parecer estranho, mas é isso mesmo. Se alguém foi condenado a 12 anos de prisão, normalmente poderá progredir de regime depois de completar 1/6 da pena (nos crimes hediondos a progressão ocorre depois de cumpridos 2/5 ou 3/5 da pena, dependendo do caso). Ou seja, ficará preso por 2 anos em regime fechado. Depois passará para o regime semiaberto. Enquanto a pena no regime fechado é cumprida em penitenciárias, no regime semiaberto a pena é cumprida em colônias industriais ou agrícolas, e no regime aberto a pena é cumprida em casas de albergado.

O problema é que não temos penitenciárias em número suficiente, muito menos colônias industriais ou agrícolas, menos ainda casas de albergado. Qual a consequência disso? Como a lei assegura aos presos a progressão de regime e não há estabelecimentos adequados, a solução é determinar, por exemplo, que o condenado cumpra a pena em casa, na chamada prisão domiciliar. A prisão domiciliar acaba desmoralizando todo o sistema; por outro lado, manter o condenado em regime fechado seria descumprir a lei. A progressão do regime, por seu turno, pode tornar as penas muito brandas. Aqui, mais uma vez, entra em cena o nosso amor pelas ideias.

A nossa lei de execução penal, essa que prevê a progressão de regime, a ressocialização do preso etc., é uma lei fantástica! Nem países de primeiro mundo têm uma lei assim! Em muitos deles não há sequer progressão de regime. Somos avançadíssimos! Só tem um problema: a lei não é cumprida.

Nós nos orgulhamos da nossa lei, mas na hora de aprová-la ninguém perguntou se teríamos recursos orçamentários para cumpri-la. Então os juízes são obrigados a improvisar. As condições em nossas prisões são péssimas, as piores possíveis, há superlotação, presos morrem todos os dias. Como manter a pessoa presa em regime fechado por mais tempo que a lei determina? Solução: prisão domiciliar.

Paradoxalmente, divulga-se que o Brasil é um dos países que tem a maior população carcerária do globo. Temos cerca de 600 mil presos. Na verdade, a população carcerária brasileira é a 4.ª maior do mundo, somente Estados Unidos, com 2,2 milhões de presos, China, com cerca de 1,6 milhões e Rússia, com 750 mil presos, têm mais gente presa que o Brasil. Ainda assim, em 2010, o sistema penitenciário brasileiro apresentava um déficit de quase 200 mil vagas. Como explicar o fato?

Esses dados escondem algumas outras verdades e podem ser mais bem compreendidos quando se constata que o Brasil é também o 5º país mais populoso do globo. Quando consideramos o número de prisões por 100 mil habitantes, temos uma perspectiva diferente. Segundo o Centro Internacional para Estudos Prisionais, da Universidade de Essex, o Brasil tem 301 presos por 100 mil habitantes, taxa que o coloca na trigésima primeira posição na lista de países com maior população carcerária do planeta dentre 222 países. É um número elevado, não há dúvida, mas parece menos absurdo. Além disso, é importante dizer que o discurso de que há muitos presos no Brasil, em parte, desobriga o Poder Público de oferecer políticas prisionais mais adequadas, inclusive com a construção de novos estabelecimentos prisionais. O foco passa a ser, simplesmente, apoiar leis que possam diminuir as penas e número de pessoas presas.

Se considerarmos o imenso número de crimes que não são sequer investigados, chegamos à triste constatação de que o número de presos no Brasil deveria ser ainda maior. Leve em conta o seguinte: no Brasil, todos os anos são cometidos cerca de 60 mil homicídios. Não vamos falar em outros crimes graves, apenas homicídios. Considere que apenas em 6 mil desses homicídios a polícia consegue apontar um suspeito (na verdade, o número é um pouco menor, já que apenas 5 a 8% dos casos são elucidados). Apenas 6 mil pessoas, do tal de 60 mil será indiciadas pela polícia e processadas pela Justiça.

Pois bem, isso significa que a cada ano, há mais 48 mil homicidas soltos que deveriam estar presos. A cada ano. Agora faça esse mesmo cálculo, ainda que aproximado, para todos os demais crimes que não são elucidados. Vamos falar apenas dos mais graves, crimes violentos e crimes do colarinho branco: roubos, estupros, sequestros, lesões corporais, corrupção, desvio de recursos, fraudes à licitação. Quantas pessoas você acredita que estão soltas e impunes quando deveriam estar presas?

Em recente mutirão carcerário realizado pelo Conselho Nacional de Justiça constatou-se a existência de mais de 50 mil presos irregulares, gente que já havia cumprido a pena ou está presa provisoriamente há muito tempo sem que o processo penal chegue ao fim, sem que haja uma efetiva condenação. Todas essas pessoas são pobres e quase absolutamente desassistidas, gente que não pode pagar um advogado e que não tem acesso a um defensor público, pago pelo Estado. Muitas vezes, os crimes praticados por esses presos nem são tão graves. Isso mostra que o sistema prisional no Brasil é absolutamente mal gerenciado, além de ser cruel com os presos. Quem devia estar preso, está solto, enquanto muitos estão indevidamente presos. Além disso, não há vagas nos presídios e, muito frequentemente, os presos continuam a delinquir e comandar as organizações criminosas mesmo de dentro das penitenciárias.

A desigualdade da nossa sociedade reflete-se também dentro dos presídios. Alguns presos têm regalias, seja em virtude do poder econômico, seja em virtude do poder criminoso. Os ricos e os chefes do tráfico e de facções criminosos conseguem tratamento diferenciado. Algumas vezes se argumenta que esse tratamento diferenciado é necessário para manter a ordem nos presídios. Já não é novidade as sucessivas reportagens que noticiam celulares, bebidas, drogas e até festas nas prisões brasileiras. Essa, contudo, é a situação dos chefes e dos seus asseclas. A maioria dos presos vive em condições degradantes. Os presos de primeira viagem são obrigados a se associar a uma organização criminosa para poderem sobreviver no ambiente hostil do presídio.

Se o Estado brasileiro não tem força nem poder suficientes para assegurar tratamento absolutamente igual a todos os presos, é difícil falar em ressocialização e desestímulo à criminalidade. Os criminosos contumazes, sobretudo aqueles que vivem do crime, como traficantes e assaltantes, passam a ver o tempo de prisão como uma etapa, um estágio da vida em que, algumas vezes, suas atividades criminosas não são sequer interrompidas. A prisão no Brasil não desestimula o crime, ao contrário, aproxima as pessoas mais ainda do crime, obriga os presos a se filiarem a alguma facção criminosa. Sendo assim, apesar de serem muitos os presos eles continuam a delinquir, dentro e fora dos presídios. A prisão atua como um fator de incremento da atividade criminosa e de aumento do número de crimes. Daqui a pouco, há progressão da pena, os antigos presos saem e novos e mais numerosos presos entram.

Os juízes decidem sobre as penas e sobre a execução das penas. São os juízes que dizem quando a pena de determinado condenado poderá progredir do regime fechado para o regime semiaberto e deste para o regime aberto, são os juízes que decidem sobre o livramento condicional etc. Contudo, os juízes não administram os presídios nem fazem as leis. O Poder Judiciário não é responsável por construir prisões nem por administrá-las. Muitas vezes, o juiz é obrigado a conceder ao preso um regime mais brando, como prisão domiciliar, simplesmente porque não há prisões adequadas para o cumprimento de penas no regime aberto ou semiaberto. Tudo isso acaba por desacreditar o sistema.

Um conjunto de fatores faz com que vivamos em um país de presos, muitos presos injustamente, presos em suas próprias casas e trabalhos porque muitos outros estão à solta cometendo crimes sem que as polícias, o Ministério Público e o Poder Judiciário consigam investigá-los, produzir provas e condená-los em tempo hábil, de modo a desestimular a conduta criminosa. Se não conseguirmos fazer das prisões lugares dignos, onde se possa punir adequadamente os crimes, interromper a atividade criminosa e pelo menos suspender a influência dos líderes das facções criminosas, é difícil desestimular o crime e falar em ressocialização.

Corrupção endêmica

"Em Roma, tudo se compra".

Juvenal

A corrupção no Brasil tornou-se uma doença crônica. Aos poucos aprendemos a conviver com ela. Não sabemos ao certo o tamanho da coisa. Uma referência é o Índice de Percepção da Corrupção 2018 – IPC, medido pela Transparência Internacional. O Brasil ocupa a 105ª posição entre 180 nações. O certo é que todo mundo tem uma história para contar. Quem escuta não sabe se há exagero, às vezes ficamos desconfiados, aos poucos vamos acreditando, e a corrupção vai drenando e exaurindo nossa reserva de confiança nas instituições. Em qualquer roda social, tem alguém para dizer: "*a verdade é que todo mundo rouba*". Todo mundo é muita gente, a acusação torna-se muito genérica, mas tem o poder de fragilizar todo o sistema. Passamos a nos comportar como se a corrupção fosse normal. Por que o sistema de justiça não consegue combater a corrupção?

Quando eu advogava, conheci um pequeno comerciante, vamos chamá-lo de Sr. Manuel, que reclamava um absurdo dos fiscais da prefeitura. Segundo ele, de vez em quando os fiscais iam a seu pequeno estabelecimento, inventavam alguma irregularidade, ao final pediam alguma propina para livrá-lo da multa. Isso acontecia repetidamente. Ele reclamava e dizia que isso iria acabar por inviabilizar seu pequeno negócio. Eu escutava aquilo e ficava me perguntando se não haveria mesmo alguma irregularidade no pequeno negócio do Sr. Manuel, se não era ele que, afinal, corrompia o fiscal e todas aquelas coisas que nos perguntamos para tentar entender a realidade. Pelo que o Sr. Manuel contava, tudo estava certo, mas os fiscais inventavam erros e infrações para aplicar multas. Até que um dia, eu, jovem e inexperiente advogado, tomei coragem para perguntar: "se é assim, porque o senhor não denuncia o fiscal? Vamos pedir a abertura de um inquérito policial, abrir um processo contra esse @#$%@." A expressão do Sr. Manuel foi de desalento diante da minha inocência:

> "Doutor, se eu fizer isso, nunca mais tenho paz! Os amigos deles vêm aqui, um após outro, e vão me encher de multas, e vão arranjar toda espécie de picuinha para dificultar minha vida, até fechar meu ponto".
>
> "Mas se está tudo certo, o Sr. não tem o que temer". Insisti.
>
> "Quero confusão não, doutor. Para mim é mais barato pagar o dinheiro deles. Às vezes dou graças a Deus que tem corrupção nesse país!".

A mesma história do Sr. Manuel, escutamos aqui e ali sob formas diversas, seja com fiscais da vigilância sanitária, seja com fiscais de tributos, com fiscais de trânsito. Nunca sabemos se tais histórias vão verdadeiras, se são aumentadas. A impressão que fica é que todo mundo está querendo puxar sardinha para sua brasa e, ao fim e ao cabo, ninguém quer se comprometer e combater a corrupção. Verdadeira ou não, há alguns fatos por trás dessas histórias que as pessoas responsáveis por fazer os regulamentos e as leis do país não poderiam ignorar e eles se resumem no seguinte: nosso sistema não favorece nem estimula o combate à corrupção.

Em primeiro lugar nossas leis e regulamentos são inúmeros e confusos. Ninguém consegue entender com clareza e exatidão quais regras devem ser observadas por quem vai abrir um pequeno açougue, por exemplo. Se eu sou o açougueiro e chega um fiscal e diz que eu não estou de acordo com a norma de tal e qual, mesmo que essa norma não exista ou não se aplique exatamente da maneira que ele diz, é extremamente difícil para mim, pequeno açougueiro, entender as regras e me opor à fiscalização.

Depois, caso sejamos afrontados com um caso de extorsão, não sabemos a quem denunciar. Os órgãos públicos, de modo geral, não têm ouvidorias ou controladorias que nos inspirem confiança para fazer uma denúncia. O cidadão precisava confiar que, ao fazer uma denúncia, a denúncia será apurada de modo rápido e efetivo, que o agente que promove ou pratica a corrupção será afastado e que a normalidade do serviço será restabelecida. Se o pequeno e mesmo o grande empresário se deparam com um achaque, ele se vê completamente indefeso. Como o sistema de apuração e punição dos casos de corrupção, seja pelo órgão de controle do próprio serviço público, seja pelo Poder Judiciário, é muito ineficiente, a vítima fica em dúvida e, na dúvida, prefere aderir ao sistema e negociar com os funcionários corruptos. O custo é menor.

Precisaríamos de órgãos especializados no combate à corrupção, com acesso fácil por parte da população, de modo que as pessoas se sentissem estimuladas a denunciar e que os casos fossem efetivamente investigados e punidos. Comitês de ética capazes de prevenir as situações que favorecem a corrupção também fariam uma enorme diferença, além de leis mais duras. Vimos que nossas leis processuais transformam o julgamento no Brasil em uma centopeia preguiçosa e tratam os acusados de modo muito benéfico. A prisão normalmente só ocorre depois de infindáveis recursos.

Além disso, as penas são muito brandas. A pena para corrupção passiva (quando o funcionário público solicita ou recebe vantagem indevida em razão do cargo público) vai de 2 a 12 anos. O juiz deve aplicar a pena de acordo com as circunstâncias do crime, o grau de ofensa e outros critérios. Raramente a pena máxima é aplicada. Se for menor de 4 anos, a pena de prisão será convertida em outras penas e o criminoso não será preso. Mesmo na pena máxima, depois de apenas 2 anos de pena, o criminoso terá direito à progressão do regime. Se considerarmos ainda que a investigação é péssima e só consegue chegar aos criminosos em apenas 5% dos casos, ainda assim nos casos de homicídio (nos casos de corrupção esse índice deve ser bem menor), podemos constatar que a corrupção no Brasil não só compensa, ela é quase estimulada!

PARTE V

O Judiciário no cadafalso

A Lei do Mais Forte

"A única forma de chegar ao impossível, é acreditar que é possível".

Alice no país das maravilhas, Lewis Carroll

Há mais de quatorze anos trabalho como juiz. Trabalhei alguns anos como advogado, primeiro advocacia privada, depois, pública. Tenho dedicado os últimos vinte e quatro anos de minha vida ao estudo do Direito. Desde então, a conversa é sempre a mesma. O Poder Judiciário é absurdamente fechado. O Judiciário é muito solene. É preciso acabar com o juridiquês. Os juízes são uma casta de privilegiados. É preciso modernizar o processo. É preciso acelerar a justiça. A impunidade no Brasil é uma vergonha e é preciso, urgentemente, acabar com ela. Desde 2004, quando o Presidente Lula discursou sobre a caixa-preta do Poder Judiciário, essas críticas apenas aumentaram. Todas essas críticas, em maior ou menor grau, são verdadeiras. É também verdade que alguma coisa se tem modificado para melhor. Ainda que a passos lentos, a tartaruga caminha. Às vezes temo, desce sobre mim o desalento que costuma, vez ou outra, descer como uma sobra de mau augúrio sobre aqueles que viajam por longas e ermas estradas. Será que estamos indo na direção certa?

O índice de confiança na população no Poder Judiciário varia em torno de apenas 5 pontos, em uma escala de 0 (nada confiável) a 10 (altamente confiável), segundo o Índice de Confiança no Poder Judiciário – ICJBrasil, da Fundação Getulio Vargas. Ok, o Poder Judiciário tem feito algum esforço para se modernizar, para se aproximar mais da sociedade. Infelizmente, o Judiciário não pode modificar as Leis, aumentar penas, modificar o processo, diminuir o número de recursos, disciplinar o trabalho dos advogados. De todo modo, graças aos muitos anos de ausência, graças aos abusos reais ou imaginários que cometeram tantos juízes em cidades remotas ou em grandes centros, na primeira instância ou nos altos escalões — e não adianta mais perguntar quais foram ou como ocorreram os tais abusos, os de séculos atrás, os de cinquenta anos atrás, os de trinta ou vinte anos atrás, pois temos que nos preocupar com os novos abusos, aqueles em que a voragem do tempo ainda permite punir e corrigir — graças a todos esses abusos, os velhos e os novos, o fato é que o Poder Judiciário está bastante enfraquecido. E isso é péssimo. As pessoas desconfiam do Poder Judiciário. E isso também é péssimo.

Não é péssimo para os juízes. É assustador para a democracia e para os direitos, para a segurança e para a vida em sociedade. Quando não confiamos na Justiça, significa dizer que, se nossos direitos forem atingidos, não acreditamos que eles serão reparados a contento, pelo menos não pelo Poder Judiciário. Se eles não forem reparados a contento pela Justiça, as pessoas procurarão outros meios de reparação e sobrevivência. Muito frequentemente isso acontece pela violação dos direitos de outras pessoas ou pela violação de direitos coletivos. Salve-se quem puder! Vemos, então, surgir sonegadores cínicos. Nas rodas sociais, nas festas de aniversários, nos batizados, no bar da esquina, as pessoas admitem pequenas desonestidades e ensinam, por exemplo, como fazer e com quem contratar uma ligação clandestina de TV a cabo. Grupos de extermínio são tratados como heróis. Bandido bom é bandido morto. Pedir dinheiro emprestado fica absurdamente caro. Lembra-se da taxa de juros do seu cartão de crédito ou do cheque especial? Todos passam a desconfiar do Estado e utilizam o Poder Judiciário para não pagar o que sabem dever.

Passa a valer a lei do mais forte. Quando falamos em mais forte, sempre pensamos em força física, em violência armada, em gangues. Mas, a lei do mais forte pode ser mais sutil. A lei do mais forte vale quando aqueles que têm mais recursos econômicos ou políticos, por exemplo, podem contratar melhores advogados e atrasar indefinidamente o trâmite do processo. Postergar por muitos e muitos anos a decisão judicial. Ou quando aqueles que têm mais recursos econômicos e mais poder político podem amedrontar o cidadão comum ou até um juiz pela força do próprio Poder Judiciário. A lei do mais forte vale quando os juízes não têm amparo legal para enfrentar as manobras desses poderosos. Então, o sistema esconde sob um fino verniz de justiça a injustiça mais traiçoeira, aquela que corrói lentamente todo o corpo social e a confiança dos homens em outros homens. O Poder Judiciário passa a ser apenas um símbolo. Um mecanismo que valida e homologa a lei do mais forte. A lei do mais forte aparece falsamente vestida com as roupas da *equal justice under the law*.

O irônico é que o enfraquecimento do Poder Judiciário ocorre pela mesma crítica que é capaz de aperfeiçoar as instituições. Como as mesmas artérias alimentam o câncer e as células saudáveis, as críticas contra o Poder Judiciário, tão necessárias e bem-vindas ao seu aperfeiçoamento, podem ser usadas para fortalecê-lo ou para derrotá-lo, instaurando-se a lei do mais forte. O problema ocorre quando não conseguimos distinguir o que criticar, o que reformar, a quem responsabilizar. Ao invés disso, o nosso cansaço, a nossa repulsa à injustiça, o desalento, o nosso desamparo nos convidam a atuarmos todos como iconoclastas. E saímos todos a destruir os falsos ídolos de barros: os juízes e suas togas, suas cerimônias solenes e seu palavreado pedante e rebuscado. E continuamos a destruir e destruir, até amarrar e enfraquecer por completo os juízes, esses grandes vilões. Então vingará a lei do mais forte.

O cenário foi pintado de tintas bem escuras e tenebrosas, talvez tintas um pouco fortes demais, mas, definitivamente, não me parece assim tão distante.

A autoridade dos juízes e os símbolos da Justiça têm um papel importante no inconsciente coletivo. Destruí-los não resolverá o problema da Justiça como um passe de mágica. O ídolo é de barro e o espírito que nele habita precisará de outro corpo para ocupar. Por Deus, que não sejam os porcos! Toda sociedade que se queira justa, livre e solidária, necessita de uma instituição independente e que possa se posicionar sobre as partes em conflito justamente para ser capaz de solucionar os conflitos de acordo com as leis aprovadas por essa mesma sociedade. Esse poder é sagrado. Não no sentido religioso. Que bobagem! E os juízes não são deuses, pobres coitados! Os juízes devem ser vistos como os escravos que carregam o fardo de julgar e solucionar os conflitos. Esse fardo é tão pesado quanto deve ser pesada a espada da Justiça. Os juízes são pessoas comuns a quem foi conferida a grave responsabilidade de aplicar a Lei de modo justo. Por conta dessa grande responsabilidade, devem ser controlados e fiscalizados com rigor. Mas sem autoridade, a Justiça não poderá ser aplicada.

Para evitarmos que a lei do mais forte caia sobre nós precisamos de juízes, mas os juízes são poucos e fracos e não bastam; precisamos de advogados, mas os advogados são poucos e fracos e não bastam; precisamos de promotores de justiça, mas os promotores de justiça são poucos e fracos e não bastam; precisamos dos alunos e professores nas faculdades de Direito, mas os alunos e professores nas faculdades de Direito são poucos e fracos e também não bastam. Precisamos de toda a sociedade. Precisamos que o cidadão entenda minimamente como funciona o sistema de Justiça no Brasil e possa responsabilizar as pessoas certas pelas falhas certas.

É fácil encontrar culpados, é difícil criticar, responsabilizar e construir. O cidadão deve saber que muitas coisas diferentes estão interligadas e se influenciam mutuamente como o mecanismo de um relógio. Assim como os médicos são responsáveis pela saúde da nação, cada bacharel em Direito, cada advogado ou defensor, cada promotor ou procurador, cada juiz é responsável pela construção de uma sociedade mais justa, em que a lei seja efetivamente cumprida e respeitada, de modo igual, por todos. É nosso dever questionar com boa-fé o nosso sistema de Justiça, propor mudanças e contribuir para o aperfeiçoamento do sistema.

Fazer Justiça é simples. Precisamos de uma Lei justa, que seja aplicada de modo justo e igual para todos, seja na sonegação tributária, no pagamento de dívidas, no cumprimento de contratos, na corrupção, nos roubos ou nos homicídios, seja nos presídios. *Equal justice under the law.* Precisamos desestimular a violação da Lei, fazendo com que quem a descumpriu seja punido e não protegido pelo sistema. Para fazer isso, precisamos de todo mundo.

EDITORA JusPODIVM
www.editorajuspodivm.com.br